<그리스도인이면 꼭 알아야 할 성경 지식>

성경에 나오는
동물과 식물 I

서울솔로몬학교 성경연수원

차 례

이 책에 인용된 성경 구절은 〈한글킹제임스성경〉입니다.

제1과

게으른 자의 선생, "개미"

『너 게으른 자여, 개미에게로 가서 그 길들을 살펴보고 지혜롭게 되라. 개미는 인도하는 자도, 감독하는 자도, 다스리는 자도 없으나, 여름에 먹을 것을 마련하며, 추수 때에 양식을 모으느니라』(잠 6:6-8).

현명하고 지혜로운 개미들

개미들은 기술자들이고, 그들 사회에서 노예 개미들을 소유하기도 하며, 목축업자들이고, 농부들이며, 감독자가 없는 건축업자들이기도 하다. 개미들은 각자 그 능력에 따라 자기 일을 하되 상호 조화롭게 일을 하며, 위험에 처했을 때는 절대 굴하지 않고 끝까지 헤쳐 나가며, 미래를 대비하여 양식을 마련한다. 특히 병정개미들은 깊은 강을 건널 때면 공처럼 함께 뭉쳐서 급류 속에서 회전하며 건너가기도 한다(피터 S. 럭크만).

동물과 식물을 통해 배우는 교훈들

『그러나 이제 짐승들에게 물어 보라. 그들이 너를 가르치리라. 공중의 새들에게 물어 보라. 그들이 너에게 말해 주리라. 아니면 땅에게 고하라. 그리하면 그것이 네게 가르쳐 주리라. 또 바다의 고기들도 네게 선포하리라. 이것들 중 그 어느 것이 **주**의 손이 이 일을 이루신 줄 알지 못하겠느냐? 모든 생물의 혼과 모든 인류의 호흡이 그의 손 안에 있느니라』(욥 12:7-10).

하나님께서 만드신 지구상의 동물들과 식물들은 인간들에게 무엇을 가르치고 있는가? **첫째, 아무리 인간이라 해도 영이 거듭나지 않고 혼이 구원받지 못한 죄인은 짐승보다 더 월등한 존재가 아니라는 사실을 가르쳐 준다(전 3:19).** 인간이 짐승과 다른 점은 "영이 서로 다르다는 것"과 "언어로 의사소통을 할 수 있다"는 것 외에는 없다. 인간들 역시 짐승들처럼 "자기 보존," "자기 번식," "자기 만족"이라는 "세 가지 본능"에 의해 이끌리고 좌우되기 때문이다. 결국 그러한 본능에 충실하며 살다가 동물처럼 죽는 것이다. 인간이나 동물이나 그들이 죽게 되면, 둘 다 호흡이 끊어지고, 둘 다 심장 기능이 멈추며, 둘 다 땅에 묻히고, 둘 다 흙 속에서 썩어 버린다(전 3:20). 『**사람이 존귀에 처해 있어도 깨닫지 못하면 멸망하는 짐승들과 같도다**』(시 49:20).

둘째, 성경은 특정 부류의 사람들을 자주 "짐승들"에 빗대어 설명해 준다. "신실한 사역자들"은 "소"나 "황소"에 묘사하고(고전 9:9,10), "거짓 선지자들"은 "이리들"(마 7:15), "뱀들" 및 "독사들"(마 23:33), "개들"(벧후 2:1,22)에 비유하며, "거짓 교사들"은 "돼지들"(벧후 2:1,22)로 빗대어 언급하고, "구원받지 않은 남성과 여성"은 각각 "개와 돼지"(벧후 2:22)로 설명한다. 또한 "구원받지 않은 사람"은 "들나귀" 같다고 말씀하며(욥 11:12), "구원받은 성도"는 "양"에 빗대어 설명한다(요 10:14,27,28, 벧전 5:2,3). 인자이신 예수 그리스도께서는 "유다 지파의 사자"이시며, 이를 흉내 내는 사탄은 "삼킬 자를 찾아 두루 다니는 울부짖는 사자"로 묘사된다.

한편 "새들"은 "사람들"이나 "영들"을 상징하는데(마 6:26), 주를 앙망하는 "기도의 용사들"은 "독수리들"로 묘사된다(사 40:31). "비둘기"는 예수 그리스도의 눈(솔 5:12)을 나타내기 때문에 "성령 하나님의 모형"이 되는 반면, "까마귀"는 불결한 짐승으로서 "더러운 영"을 상징한다(cf. 계 18:2). "바다의 물고기"는 "사람"을 나타내는데, 예수 그리스도께서 제자들을 "사람들을 낚는 어부"로 부르실 때 직업이 "물고기 잡는 어부"인 제자들을 가장 먼저 부르신 이유가 바로 여기에 있다. 그런가 하면 "나무들" 역시 "사람들"을 상징한다. "악인"은 "푸른 월계

수"에 비유되고(시 37:35), "의인"은 "번성하는 종려나무"로 상징되며(시 92:12), 인간들은 모두 잎사귀처럼 시든다(사 64:6). 어떤 나무는 열매를 맺고, 어떤 나무는 열매를 맺지 못한다. 좋은 열매를 맺는 나무가 있는가 하면, 나쁜 열매를 맺는 나무도 있다. 열매로 그 나무를 알 수 있는데, 사람들을 판단하는 기준도 외모가 아니라 그 사람이 내는 열매들이어야 한다(마 7:16-20). 이렇듯 하나님께서는 이 지구상에 친히 만드신 창조물들을 통해 인간들에게 무언가를 지속적으로 계시하시고 말씀하시고 가르쳐 주신다. 『**세상의 창조 때부터 그분에 속한 보이지 않는 것들이 분명히 보여졌고 심지어는 그분의 영원한 능력과 신격까지도 만들어진 것들에 의해 알려졌으므로 그들이 변명하지 못하느니라**』(롬 1:20).

부지런함의 대명사 "개미"

"개미"는 종류로 보면 10,000여 종이 넘고, 전 세계에 서식하는 개미들의 수를 모두 합하면 1경에서 2경 정도로 추산된다. 크기는 "주름개미"처럼 눈에 보이지 않을 정도로 작은 개미들도 있고, "불독개미"처럼 크기가 4cm에 육박하는 큰 개미들도 있다. 힘이 세서 자기 몸무게의 약 20배까지 들어 올릴 수 있으며, "잡식성"이라 자연계에서는 "청소부 역할"을 하고 있고, 지방과 단백질을 가장 좋아한다. 몸집 대비 가장 큰 뇌를 지니고 있는데, 뇌가 몸무게의 6%를 차지한다고 한다. 그만큼 곤충들 중에서는 지능이 우수한 곤충에 속하는 것이다.

<u>우리가 "개미"로부터 배울 수 있는 가장 중요한 교훈은 "부지런함"이다</u>. 하나님께서는 게으른 사람을 싫어하신다. 게으름은 하나님의 본성과 정반대되는 속성이기 때문이다. 주님께서는 매우 부지런하시고 열심히 일하신다. 열정적이시며, 열심히 일하는 자들을 기뻐하신다. 개미는 "부지런함의 대명사"이다. 따라서

부지런하고 싶은 사람은 개미에게로 가서 배워야 한다(잠 6:6). 특히 개미는 누가 시키거나 지시하지 않아도, 누가 감시하거나 감독하지 않아도 각자 알아서 일하는 동물이다(잠 6:7,8). 각자 자기가 맡은 일에 대해, 그 일이 개미굴을 짓고 보수하는 일이든, 먹이를 찾아 나서고 먹이를 운반하고 저장하는 일이든, 적들의 공격에 대해 방어하는 일이든, 알을 낳는 일이든, 유충을 돌보는 일이든, 각자 가진 능력에 따라 아무런 차질 없이 조화롭고 부지런하게 일을 수행하는 것이다. 특히 추수 때 양식을 모으는 일에 관한 한 아무 문제가 없도록 여름철에 먹을 것을 마련하는 일에 있어서 게으름을 피우지 않는다(잠 6:8). 개미는 결코 일해야 할 시기를 놓치는 법이 없다. 양식을 모으지 못해 개미 집단 전체가 생존을 위협받는 일은 절대 발생하지 않는다. 그만큼 "게으름"은 개미에게 있어서 "최대의 적"이다.

반면 게으른 사람은 게으름을 최대의 적으로 여기지 않고 "가장 친한 친구"로 삼는다. 게으름을 너무나 사랑한 나머지, 당연히 어떤 일을 하고 있어야 할 그 시간에 잠을 자 버리면서 인생의 대부분을 낭비한다(잠 6:9-11; 26:14). 게으름을 심으면 빈곤과 가난을 거두게 된다(잠 20:13). 그래서 "게으름이 빚어낸 상품은 가난뿐이고, 게으름이 탄생시킨 인물은 거지뿐이다."라는 말이 있는 것이다. 그런 게으른 자가 거두게 되는 것은 오직 가시나무와 엉겅퀴뿐이다. 가시나무와 엉겅퀴는 범죄한 아담에게 내려진 저주였다. 말하자면 일하기 싫어하는 사람은 반드시 "저주"를 거두게 되어 있는 것이다(잠 24:30-34). 한순간의 게으름이 영원한 후회를 낳을 수 있음을 잊지 말아야 한다.

한편 하나님께서 개미들에게 주신 지혜는 그들의 군집 생활에서 이루어지는 역할 분담과 협력 관계를 통해서도 잘 드러난다. 개미들의 사회에서는 역할들이 체계적으로 분담되어 있다. 평생 알을 낳고 돌보는 "여왕개미"가 있는가 하면, 여왕개미에게 정자를 제공하는 "수개미," 단물로부터 영양분을 얻는 "낙농개미," 나뭇잎을 가져다가 발효시켜서 버섯을 얻는 "잎꾼개미," 먹이를 구해 오는 “일개미,” 방어하는 역할을 하는 “병정개미” 등 각 개미들이 일을 세분화해 서 일하고 있는 것이다. **<u>특히 개미들은 그렇게 철저한 분업을 이루면서도 마치 한 몸처럼 긴밀하게 “협력”을 이룬다고 한다</u>**. 이를 위해서는 상호 원활한 의사 소통이 매우 중요한데, 그래서 개미들은 “페로몬”이라는 호르몬을 분비하여 그 냄새를 통해 소통하기도 하고, 바닥에 머리를 부딪치거나 우는 소리를 통해, 또는 더듬이, 다리, 머리로 상대를 쓰다듬는 촉감을 통해 자신의 의사를 전달 한다고 한다. 그런 식으로 위험을 알리거나 도움을 요청하고 먹이가 있는 곳을 알려 주기도 하는 것이다. 교회 안에서 분열과 다툼과 갈등을 일으키는 성도가 있다면 개미로부터 그 긴밀한 소통 방법과 동반자적인 협력 관계를 반드시 배워야 한다.

아프리카 밀림에서 가장 무서운 존재는 “개미 떼”이다. 개미 떼가 이동하면 코끼리와 사자도 도망을 간다. 맹수들이 개미 떼를 무서워하는 이유는 그들의 힘이 아니라 협동심 때문이다. 그들이 힘을 합쳐 공격하면 코끼리만 한 동물도 잠시 후면 뼈만 남게 된다고 한다. 이렇듯 개미는 개별적으로는 작고 보잘것없는 동물이지만, 함께 모여 있으면 상상을 초월하는 힘을 발휘한다. 교회에 속해 있는 성도들 역시 개개인은 “약하고 천하고 멸시받는 자”일지라도 함께 모이면 그 힘은 막강해진다. “삼겹줄”은 쉽게 끊어지지 않는 법이다(전 4:12). 누군가가 잘 말했듯이, 서로 떨어져 있으면 물 한 방울에 불과하지만 함께 모이면 바다가 된다. 성도들 간의 교제 관계를 올바르게 형성하여 영적 전쟁의 승리를 위해 더 큰 힘을 모으고 지역 교회의 사역과 열매를 위해 더 큰 힘을 보탬으로써 우리가 믿는 주 하나님을 더욱더 영화롭게 해 드리는 성도가 되기를 바란다.

NOTES

NOTES

제2과
아름다운 땅의 식물들

『**주** 너의 하나님께서 너를 아름다운 땅으로 인도하시리니... 밀과 보리와 포도나무들과 무화과나무들과 석류들의 땅이요, 기름 올리브와 꿀의 땅이며』(신 8:7,8).

아름다운 땅, 카나안 땅

이스라엘은 카나안 땅에 들어가기 앞서 여러 가지 경고와 권면을 받는다. 이때 그들이 들어갈 그 땅을 "아름다운 땅"이라고 말하고 있는 것을 볼 수 있다(신 3:25; 4:21,22; 6:18; 8:7,12; 9:6; 11:17). 이뿐만이 아니라 그 땅을 아름다운 산지(신 3:25), 아름다운 성읍(신 6:11), 아름다운 집(신 8:12) 등으로 표현하며 그 땅의 풍요로움과 아름다움을 말하고 있다. 이때 함께 언급되는 식물들이 있는데 바로 밀, 보리, 포도나무, 무화과나무, 석류 그리고 올리브이다. 성경에 나오는 식물들을 살펴보면 교리적으로 중요한 진리뿐만 아니라 그리스도인의 삶에 적용 가능한 풍성한 교훈도 얻을 수 있다. 성경에 나오는 120여 종의 식물들 중에서 이 카나안 땅, 아름다운 땅의 식물들에 대해 살펴보도록 하자.

사람들에게 식량이 되는 밀과 보리

1. 밀

밀과 보리는 사람의 생명과 직결된 중요한 식물이다. 왜냐하면 이 두 식물에서 빵을 얻을 수 있기 때문이다. 빵을 얻는다는 측면에서 보자면, 육신의 생명에 있어서 아주 중요한 뿐만 아니라 우리 영의 생명에 있어서도 중요한 식물이다. 왜냐하면 예수 그리스도께서 자신을 생명의 빵으로 제시하셨기 때문이다(요 6:35). 빵으로서 자신을 먹으라는 말씀은 곧 믿으라는 말씀이었는데(요 6:40) 이를 오해한 유대인들은 주님의 살을 어떻게 먹느냐며 수군거리기도 했다(요 6:51,52). 밀과 보리로 빵을 만들기 위해 밀과 보리를 빻아 가루로 만든 후 그 가루에 물로 반죽하여 화덕에 구워내는 과정을 거쳐야 하듯이 예수 그리스도께서도 주의 만찬식에서 빵을 찢으셨던 모습 그대로(고전 11:23,24) 몸이 찢기는 고통과 고난 그리고 죽음을 감내하셨다. 주님께서는 이런 연관성을 그대로 이어가 자신이 죽어야 한다는 사실을 한 알의 밀로 비유하신다(요 12:23-25).

예수 그리스도께서 친히 한 알의 밀로서 땅에 떨어져 죽으시고 부활하신 후, 많은 열매를 맺으셨다. 특히 사도 바울은 이 부활을 추수에 비유하며 예수 그리스도께서 첫열매들이 되셨다고 말한다.

『그러나 이제 그리스도께서는 죽은 자들로부터 살아나셔서 잠들었던 자들의 첫열매들이 되셨느니라. 사망이 사람으로 말미암은 것같이 죽은 자의 부활도 사람으로 말미암는도다. 이는 아담 안에서 모든 사람이 죽은 것같이 그리스도 안에서 모든 사람을 살게 하려 함이라. 그러나 각자 자기의 서열대로 되리니 그리스도가 첫열매들이요, 그 다음은 그리스도께서 오실 때 그분께 속한 사람들이라. 그후에는 끝이 오리니 주께서 모든 정사와 모든 권세와 능력을 폐하시고 그 왕국을 하나님, 곧 아버지께 바칠 때라』(고전 15:20-24).

고린도후서 15:23에서 그리스도가 첫열매들이라는 말씀은 예수 그리스도와 함께 부활한 구약 성도들을 말하는데(마 27:52,53, 엡 4:8-10) 추수로 보자면 첫 수확을 뜻한다. 그 다음 그리스도께서 오실 때 그분께 속한 사람들은 신약 성도들의 부활을 말하며(솔 2:8-13,고전 15:50-58, 살전 4:16-18, 계 4:1,2) 이는 본격

적인 추수를 뜻한다. 그리고 그후에는 끝이 오리라고 말씀하는데, 이는 환란 성도들의 부활을 의미하고(겔 37장, 계 11:12), 이삭줍기에 해당한다. 이 부활에 관한 진리가 신명기 16:16에서 세 명절로 제시되고 있다. 곧 무교절(유월절과 시간 간격이 없음)은 구약 성도들의 부활과 휴거를, 오순절(칠칠절)은 신약 성도들의 부활과 휴거를 그리고 장막절은 환란 성도들의 부활과 휴거를 나타낸다.

<u>신약에서 밀은 또한 곡식으로 표현되며 마지막 시대의 시대적 표적으로 제시되고 있다</u>(마 13:25-30). 그래서 이 마지막 시대에 사람들이 더 극명하게 통합과 연합과 하나 됨을 주장하고 있는 것이다. 하지만 이는 독보리를 불사르기 위해 단으로 묶는 과정일 뿐이다. 밀은 또한 믿음을 시험하는 모습에서도 등장한다. 성경에는 밀을 키질한다는 표현을 볼 수 있는데 키질은 알곡을 가려낼 때 하는 것으로, 하나님께서는 믿음을 연단시키시기 위해 성도를 키질하신다. 이러한 연단 과정을 통해 그리스도인은 그리스도인으로서 합당치 않은 모든 더럽고 쓸데없는 것들을 날려 보내고 하나님께 합당한 것만을 남기는 계기로 삼아야 한다. 하지만 누가복음 22:31은 하나님이 아닌 사탄이 베드로를 밀처럼 키질하려고 찾았다고 말한다. 즉 하나님뿐만 아니라 사탄도 그리스도인을 키질할 수 있다. 이때의 키질은 사탄 자신이 그리스도인에게서 싫어하는 것들을 날려 보내고 자신이 원하는 것만을 가려내기 위해서 한다. 베드로는 사탄에게 밀처럼 키질을 당해 결국 예수 그리스도를 세 번이나 부인하게 된다. 이를 통해 그리스도인은 사탄에게 육신적으로 대할 때는 패하지만 주 예수 그리스도를 의지하고 그분의 능력에 힘입어 믿음 안에 굳게 서서 사탄을 대적하면 승리할 수 있다는 교훈을 얻을 수 있게 된다(벧전 5:8.)

2. 보리

보리는 신약에서 예수 그리스도께서 보리빵 다섯 덩이와 물고기 두 마리로 오천 명을 먹이신 기적에서 나온다. 여기서 그리스도인이 얻을 수 있는 영적 교훈들은 많지만, 그중에서도 소년이 했던 것처럼 자신의 것을 내어 드려야 한다는 점을 가장 큰 교훈으로 삼을 수 있다. **이를 통해 주님께서는 성도가 자원함으로 내어 드리는 손길을 원하고 계시며 성도가 그렇게 내어 드릴 때 하나님께서는 더 풍성히 역사하신다는 사실을 알 수 있다**.

피를 예표하는 포도나무

성경에서 "포도주"와 "술"에 해당하는 영어 킹제임스성경의 단어는 "wine"이다. 오늘날 "wine"이라는 단어가 발효된 술을 지칭하는 것처럼, 이 단어가 술로 번역될 때에는 말 그대로 술이다. **하지만 포도주로 번역될 때가 있는데 이때는 두 가지로 구분된다. 바로 "새 포도주"와 "묵은 포도주"이다**. 새 포도주는 포도 열매를 갓 짜낸 포도즙, 곧 포도주스를 말하고, 묵은 포도주는 새 포도주가 발효되어 버린 술을 말한다(눅 5:39). 그런데 성경에서는 새 포도주와 묵은 포도주를 매번 구분해서 사용하지 않고 포도주라는 표현을 쓰고 있다. **따라서 성경에서 포도주라는 단어가 나올 때면 문맥에 따라 구분해야 한다**. 단순히 포도주(wine)라는 단어가 쓰였다고 해서 모두가 발효된 술을 말하는 것이 아니라는 것이다(창 40:11-13). 그런데 예수 그리스도께서 자신의 피의 예표로 포도주를 사용하셨던 주의 만찬식과, 또 카나안의 혼인식에서 물을 포도주로 만드신 기적(요 2:1-11)에서 볼 수 있듯이 포도 열매에서 난 포도주스는 피를 예표한다.

『소의 버터와 양의 젖과 어린양들의 기름과 바산에서 기르는 숫양들과 염소들과 기름진 밀알로 먹이셨으며, 또 너는 포도의 순수한 피를 마셨도다』(신 32:14).

이처럼 포도나무가 피를 예표하기에 이제 곧 예수 그리스도께서 오셔서 이스라엘과 하나님을 대적하는 모든 민족들을 심판하실 때 그 모습을 포도즙 틀을 밟는 모습과(사 63:2,3, 계 14:18-20; 19:15) 포도주 잔을 마시는 모습으로 묘사하고 계신 것이다(렘 25:15).

종교적인 행위, 자기 의를 예표하는 무화과나무

무화과나무는 아담과 이브가 범죄한 이후 눈이 열려 벌거벗은 줄 알고 자신들의 벌거벗은 몸을 가리기 위해 무화과나무 잎을 사용했던 모습에서 처음 등장한다(창 3:7). 무화과는 뽕나무과의 낙엽 식물로, 가지는 부드러운 나무껍질로 덮여 있으며 굽은 원줄기에서 나와 자란다. 특히 잎이 넓적하면서도 갈라져 있는데, 이런 무화과나무의 특징으로 인해 아담과 이브가 벗은 몸을 가리기 위해 무화과나무 잎을 사용했을 것이다. 이처럼 자신의 죄를 가리려고 사용했던 무화과나무 잎은 인간의 종교적인 행위, 곧 자기 의를 나타낸다. 오늘날 수많은 종교들이 있다. 저마다 종교적인 교의를 앞세워 자기 의로 충만한 교인들을 양산해 내고 있는데, 무화과나무는 더럽고 불결한 자기 의를 예표하기에 예수 그리스도께서 저주하신 유일한 나무가 된다(마 21:19).

아담과 이브가 범죄한 이후 행했던 일들은 인간이 자신의 죄 문제를 대처하는 과정과 동일하다. 죄는 주 하나님을 거역하여 주께 대하여 짓는 것이다(창 39:9, 삼하 12:13, 시 41:4). 그래서 오늘날 죄를 지은 인간들이 하는 일이란 하나님의 임재로부터 자신을 숨기는 일이다(창 3:8). 특히 이 일은 창조주 하나님의 존재 자체를 부인하는 양상으로도 나타난다. 그래서 무신론자나 불가지론자들이 증가하고 있으며 이미 전 세계 인구의 약 14.2%가 무신론자나 불가지론자로 조사되고 있다. 죄에 대해 그다음으로 사람들이 하는 일이란 자신의 죄를 다른 사람이나 다른 무엇인가의 탓으로 돌리는 일이고(창 3:12,13), 급기야는 무화과나무 잎으로, 즉 갖가지 종교나 선행 등을 통한 자기 의로 자신들의 죄를 가려 보려고 시도한다. 하지만 하나님께서는 아담과 이브에게 양가죽 옷을 입히셨다(창 3:21). 사람에게 필요한 것은 그의 죄 문제를 대속해서 해결해 주신 예수 그리스도이신 것이다(요 1:29,36, 행 16:31, 롬 5:1; 13:14).

그런데 이와 같은 무화과나무는 빌립이 나다나엘에게 예수 그리스도를 소개하는 장면에서도 등장한다(요 1:43-51). 빌립이 예수 그리스도를 믿지 않았던 나다나엘을 주님께로 인도하자 나다나엘은 주님께 언제부터 자신을 아느냐고 물었고 예수님께서는 나다나엘이 무화과나무 아래에 있을 때부터 그를 알았다고 대답하신다. 무화과나무가 종교적인 행위, 곧 자기 의를 예표하는 점을 적용해 보자면, 사실 예수 그리스도께 나아가기 전에 모든 인간은 자기 의에 안주하고 있다고 볼 수 있다. 하지만 주님께서는 그런 죄인들에게 시선을 고정시키고 계신다. 더욱이 욥기 16:19에서는 『**그러나 이제 보라, 나의 증인이 하늘에 계시며 나의 기록이 높은 곳에 있도다.**』라고 말씀하신다. 컴퓨터 서버 등에 접속하거나 각종 프로그램들에서 로그 파일을 만들어서 접속 후 작업한 것들을 모두 기록하듯이 하나님께서는 한 사람 한 사람을 주목하시며 그들의 마음 속에 있는 은밀한 생각들과 행위들을 모두 하늘에 기록하고 계신 것이다. 그 기록은 구원받지 않은 죄인의 경우에는 백보좌 심판에서 항변하는 자들에게 정확히 그들의 죄를 지적하는 역할을 하게 될 것이다. 구원받은 성도 또한 그의 기록들이 셋째 하늘에 남는다는 점을 생각해 볼 때 좋은 평판(good report, 히 11:2)을 받아야 하는 우리의 믿음의 자세와 행실이 어떠해야 할지 진지하게 돌이켜봐야 한다.

무화과나무가 부정적인 의미만을 갖고 있는 것은 아니다. 무화과나무는 교회의 휴거 시기를 보여 주며 재림의 소망을 갖게도 해 준다. 특히 재림의 소망은 앞선 나다나엘의 이야기에서도 얻을 수 있는 교훈이기도 하다. 즉 나다나엘이 예수 그리스도를 하나님의 아들이요 이스라엘의 왕이라고 고백하자 예수님께서는 더 큰 일들을 그가 볼 것이라고 하시면서 하늘이 열리고 하나님의 천사들이 인자 위에 오르내리는 것을 보리라고 말씀하셨다(요 1:49-51). 여기서 이스라엘의 왕이라는 나다나엘의 고백은 단순한 선언적인 고백이 아니라 예수 그리스도의 재림과 관련이 있는 말이다. 말 그대로 이스라엘과 온 땅을 다스릴 실제적인 왕으로서 예수님에 관해 고백한 것이다.

그런데 예수 그리스도의 재림은 두 부분으로 나누어져 있다. 바로 그리스도의 신부인 교회를 데리러 공중에 재림하실 때와 민족들을 심판하러 오실 지상 재림 때이다. 이때 요한복음 1장에서 발견되는 무화과나무는 솔로몬의 노래 2:13의 무화과가 "푸른 무화과를 내는 때"(1948년의 독립)와 연결될 수 있다. 솔로몬의 노래 2:8-13까지의 말씀은 교회의 휴거를 나타내는데, 특히 휴거가 일어날 즈음에 이스라엘이 독립 국가를 이룬다는 점을 알게 한다. 솔로몬의 노래 2:10에서 예수 그리스도께서 일어나 떠나자고 말씀하실 때는 11절 말씀에서 볼 수 있듯이 12월에서 2월의 겨울도 지났고, 늦은 비가 내리는 3,4월도 지나 비도 그쳐 사라졌으며 꽃들이 피고 새가 노래하고 무화과나무가 푸른 무화과를 내는 시기 곧 무화과의 첫 수확 시기인 5-6월이다. 이때 예수 그리스도께서 신부인 교회를 데리러 오실 것이며 이후로 예수 그리스도께서 재림하시는 것이다. 앞서 밀과 보리를 이야기하며 추수로 본 부활의 세 단계를 살펴보았는데 교회의 휴거와 관련된 절기가 바로 오순절(칠칠절)이며 바로 5월부터 6월이 그 절기가 속한 달이다.

주님께서 마태복음 24장에서 영광 중에 재림하시는 왕으로서의 모습을 제시하시면서(마 24:27-31) 무화과나무를 비유로 드시는 것은(마 24:32-35) 교회를 데리러 오실 공중 재림 후에 있을 지상 재림과 맞물리게 된다. 여기서 무화과나무는 이스라엘을 예표하는데(렘 24장) A.D. 70년 이후 전 세계로 흩어졌던 이스라엘이 1948년 그들의 땅에서 독립을 선언한 것은 바로 무화과나무의 가지가 유연해지고 잎이 나오는 것에 대한 예언이 그대로 이루어지는 순간이었던 것이다(막 13:28-31). 세상 역사가 성경의 예언대로 흘러가고 있는 것을 볼 때, 아직 이루어지지 않은 나머지 예언들도 그대로 실현될 것이라고 믿는 것은 지극히 평범한 믿음이며, 그 예언에 따라 예수 그리스도의 재림이 임박했음을 알 수 있게 된다.

성령을 예표하는 올리브나무

올리브 하면 기름이 가장 먼저 떠오른다. 올리브를 만져 보면 반들반들한 게 기름기가 많다는 것을 바로 느낄 수 있으며 살짝 눌러 보면 기름이 흘러 나온다. 그래서 나무들에 관한 비유가 나오는 재판관기 9:9에서는 『**올리브 나무가 그들에게 말하기를 '내게서 나는 기름으로 사람들이 하나님과 사람을 영예롭게 하나니 내가 내 기름을 버려 두고, 가서 나무들 위에 군림하리요?' 하더라.**』라고 말하고 있는 것을 본다. 이 기름이 바로 성령 하나님을 예표한다.

『주께서는 의를 사랑하고 죄악을 미워하셨나이다. 이로 인하여 하나님, 곧 주의 하나님께서 주께 기쁨의 기름을 부어 주의 동료들보다 우위에 두셨나이다."라고 하셨느니라』(히 1:9).

우리는 히브리서 1:9 말씀에서 삼위일체 하나님을 볼 수 있다. 곧 아버지이신 하나님께서 그분의 아들 예수 그리스도께 기쁨의 기름 곧 성령을 부어 주의 동료들보다 우위에 두셨다고 말씀하고 있기 때문이다. 구약에서도 아론과 그의 아들들에게 기름을 붓는 장면과(시 133:2), 성막에서 사용되는 거룩한 붓는 기름을 만드는 것에 관한 내용에서도(출 30:23-33) 성령은 기름으로 비유된다. 신약 시대에는 이 모습이 구원받은 그리스도인들 안에 내주하시고, 또 인치시는 모습으로 묘사되고 있다(고후 1:21,22, 요일 2:27).

성막에서 성소의 유일한 빛인 금촛대에는 등불을 위해 찧어 낸 순수한 올리브 기름이 사용되었는데(출 27:20, 레 24:1-4) 금촛대는 하나님의 말씀으로 예표되는 빵을 차린 상을 비추고 있어 하나님의 말씀을 깨닫기 위해서는 성령 하나님의 조명이 절대적으로 필요하다는 사실을 알려 주고 있다. 또한 올리브 기름이 등불을 밝히는 용도로 쓰인 것은 마태복음 25장의 열 처녀 비유에서도 나온다. 어리석은 다섯 처녀는 기름통도 기름도 없었지만 현명한 다섯 처녀는 기름통에 기름을 가지고 있었다(마 25:3,4). 올리브 기름이 없다는 것은 곧 성령 하나님께서 떠나신 것으로 이는 구원을 잃어 버릴 수 있는 대환란 시대의 이야기이며, "처녀들"이라는 복수로 표현되는 것을 볼 때 열 처녀의 비유는 대환란 시대에 믿음과 행위로 구원을 지켜야 하는 유대인 성도들에 대한 이야기임을 알 수 있다(시 45:13,14, 솔 6:8,9, 사 37:22, 계 14:1-4).

아울러 주의 사역자들을 불꽃으로 삼으시기에(시 104:4) 사역자들이나 성도들이 얼마나 성령으로 충만한가에 따라 그 빛을 얼마나 오랫동안 밝게 비출 수 있는가가 결정된다. 그리고 신명기 28장에는 카나안 땅에서 복을 받을 조건들이 언급되고 있는데, 이스라엘이 율법에 불순종하면 올리브 나무를 심을지라도 거기서 기름을 얻지 못할 것이라고 말씀한다(신 28:40). 즉 성도가 죄를 짓게 되면 성령님께서 소멸되시기에(살전 5:19) 결국 성도가 내야 할 빛도 소멸해 버리므로 성도는 기름부음 받은 자들로서 성령을 따라 행해야 한다는 교훈을 얻을 수 있다(롬 8:1-4).

올리브 나무는 기름뿐만 아니라 나무로서 솔로몬 성전의 지성소 안쪽의 두 그룹과(왕상 6:23) 지성소의 입구를 만들 때(왕상 6:31) 그리고 느헤미야 시대에 장막절을 지키기 위한 초막을 만들 때에도 사용되었다(느 8:15). 또한 대환란 기간에 마흔 두 달 동안 사역하게 될 두 증인과 관련해서도 무화과나무가 언급되고 있다. 즉 이들은 땅의 하나님 앞에 서 있는 두 올리브 나무이며 두

촛대이고 두 기름부음 받은 자들로서(계 11:1-4, 슥 4:11-14), 요한계시록 11:5,6에서 이들이 행하는 기적들을 보면 이 두 증인은 바로 "모세"(민 16:35, 마 17:3,4)와 "엘리야"(왕상 17:1, 마 17:3,4, 약 5:17,18)라는 사실을 알 수 있다. 둘 다 기름부음 받았고, 둘 다 온 땅의 주 앞에 서 있었으며, 둘 다 시내산에서 40일 동안 금식했고, 둘 다 그들의 사역을 계승한 사역자가 있었으며, 둘 다 변형산에서 나타났다. 무엇보다도 둘 다 구약성경의 마지막 장에서 등장하는데(말 4:5,6), 이들 두 올리브 나무가 대환란 때 다시 이 땅에 내려와 사역한 후 목베임을 당해 죽은 뒤 사흘 반 후에 부활하여 들림받게 되는 것이다.

그리스도의 신부를 묘사하는 석류

솔로몬의 노래 4장에서는 신랑이신 예수 그리스도께서 신부인 교회의 아름다움을 묘사하고 있는 것을 볼 수 있으며, 그 모습을 석류의 껍질과 속의 붉은 빛깔로 아름다운 신부의 붉은 뺨으로 묘사하고 있다. 예수 그리스도의 신부인 교회는 이 아름다움을 유지하기 위해 말씀의 물로 매일 씻어 거룩하고 깨끗하게 되어 점이나 주름진 것이나 흠 없는 모습을 유지해야만 한다(엡 5:26,27).

『네 입술은 주홍색 실 같고 네 말은 아름다우며 네 뺨은 네 머리타래 안에서 석류 한 쪽 같구나... 네 초목들은 석류와 아름다운 열매들의 과수원으로, 캠퍼와 감송이 있고』(솔 4:3,13).

이 밖에 석류는 대제사장의 옷을 장식하는 데 사용되며(출 28:33,34), 솔로몬 성전의 성소 현관에는 오른쪽 기둥을 야긴, 왼쪽 기둥을 보아스라 이름 지은 기둥 둘을 세웠는데 기둥 꼭대기의 기둥 머리를 석류로 덮고 그 기둥 머리 위로 석류들을 이백 개씩 줄을 이어 머리판을 둘렀던 것을 볼 수 있다(왕상 7:18,20).

나무들의 공통점들

1. 포도나무와 무화과나무와 올리브 나무

포도나무, 무화과나무, 올리브 나무는 공통점이 있는데, 이들 나무는 모두 이스라엘을 예표한다는 점이다. 우선 성경은 이스라엘을 하나님께서 심고 돌보셨던 포도나무에 비유하신다(마 20,21장, 사 5장, 렘 2장, 겔 15,17장 등). 특히 시편 80:8에서는 『**주께서는 이집트에서 포도나무 한 그루를 가져오셔서 이방을 내어쫓으시고 그 포도나무를 심으셨나이다.**』라고 말씀하는데, 이는 이스라엘을 포도나무로 비유하시며 이집트에서 데리고 나오셔서 카나안 땅으로 인도하신 것을 두고 하신 말씀이다. 하지만 카나안 땅에 정착했던 이스라엘은 결국 볼품없고 쓸모없는 야생 포도를 맺는 것으로 드러난다. 이스라엘이 우상 숭배로 타락하고 하나님께로부터 등을 돌린 것인데(사 5:2,4), 이처럼 하나님께서는 이사야서 5:7에서도 이스라엘을 포도나무로 비유하여 말씀하신다.

무화과나무도 이스라엘을 예표한다. 제자들이 예루살렘 성전 파괴와 주님께서 다시 오실 표적과 세상 끝의 표적을 물었을 때 주님께서는 대답하시는 가운데 무화과나무 잎의 비유를 말씀하셨다. 『**무화과나무의 한 비유를 배우라. 그 가지가 유연해지고 잎이 나오면, 여름이 가까운 줄 너희가 아나니 이와 같이 너희도 이 모든 것을 보면 그 일이 가까이, 곧 문들 앞에 이른 줄 알라**』(마 24:32). 이것은 A.D. 70년에 예루살렘의 파괴 이후 전 세계로 흩어졌던 이스라엘이 1948년 5월 과거 그들의 땅으로 돌아와 독립하게 되는 것을 예언하신 것이다.

올리브 나무 또한 이스라엘을 예표한다. 하나님께서는 이스라엘을 『**아름답고 좋은 열매 맺는 푸른 올리브 나무**』라고 부르셨다(렘 11:16). 하지만 이 올리브 나무는 『**그들이 바알에게 분향함으로 나를 격노케 하여 그들 스스로를**

거슬러 행하였음』으로 인하여 그 가지들이 꺾이게 되는데(렘 11:16,17), 이를 사도 바울은 로마서 11장에서 이스라엘을 참 올리브 나무에 그리고 이방인을 돌올리브 나무에 비유하면서 이방인이었다가 믿음으로 구원받은 그리스도인들이 가지들이 꺾인 참올리브 나무에 접붙여진 것으로 설명하고 있다.

2. 포도나무와 석류

포도나무와 석류에는 공통점이 있으며, 그것은 이 두 나무가 복합과(複合果)라는 사실이다. 곧 여러 개의 열매들이 하나로 맺히는 나무라는 얘기이다. 포도는 송이로 이루어져 있고, 석류는 그 안에 작은 알갱이 같은 것들로 채워져 있다. 따라서 이 둘은 성령의 아홉 가지 열매(갈 5:22)를 동시에 맺는 그리스도의 몸에 대한 예표이기도 하다.

■ 새롭게 깨달았거나 적용할 내용이 있다면 적어 보세요. ■

NOTES

제3과
선지자의 미친 짓을 막은 나귀

『그들이 바른 길을 버리고 빗나가서 브올의 아들 발라암의 길을 따르는도다. 그는 불의의 삯을 사랑하였으나 자기의 죄악으로 인하여 책망을 받았으니 말 못하는 나귀가 사람의 음성으로 말하여 그 선지자의 미친 짓을 막았느니라』(벧후 2:15,16).

거짓 선지자, 발라암

사도 베드로가 베드로후서 2:15에서 말하고 있는 거짓 선지자 발라암은 민수기 22장에서 나온다. 이때의 상황은 이스라엘이 카데스 바네아에서 범죄하여 들어간 40년의 광야 생활을 끝내고 카나안 땅을 향해 다시 진군하는 상황이다. 민수기 21장에서 이스라엘은 요단강 동편에서 아모리인의 왕들을 멸한 뒤 승리의 행군을 하고 있는 것을 볼 수 있다. 이런 와중에 민수기 22장에서 이스라엘 자손이 모압의 평지들에 진을 치게 된다. 그러자 모압인들의 왕이었던 십폴의 아들 발락은 이스라엘을 두려워해 브올의 아들 발라암에게 사자들을 보내어 자신에게 와서 이스라엘 민족을 저주해 달라고 요청한다.

성경은 이 거짓 선지자 발라암이 민수기 22장과 23장에서 자행했던 일들을 발라암의 길(벧후 2:15), 발라암의 잘못(유 1:11), 발라암의 교리로(계 2:14) 나누어서 설명하고 있다. 과연 이 거짓 선지자가 어떤 미친 짓을 했는지 살펴본 후, 그 일을 막았던 나귀에 대해서 살펴볼 것이다.

■ 새롭게 깨달았거나 적용할 내용이 있다면 적어 보세요. ■

그 선지자의 미친 짓

1. 발라암의 길

"발라암의 길"이란 하나님께서 바라시는 바른 길을 버리고 불의의 삯을 사랑하여, 모든 악의 뿌리인 돈을 사랑하여 자신의 뜻대로 행하여 곁길로 빗나가는 악한 길을 말한다(벧후 2:15). 발라암은 이스라엘을 대적하는 이방 나라의 왕으로부터 돈을 받으려는 욕심 때문에 바른 길을 제시하신 하나님을 무시하고 자신의 이익을 위해 임의대로 옳지 못한 길을 선택한 것이다.

발라암이 처음에는 하나님의 뜻을 준행하려는 것처럼 보인다. 민수기 22장에서 이스라엘을 저주하러 와 달라는 발락의 요청에 하나님께서는 발라암에게 가지 말라고 명령하신다(민 22:12). 이에 발라암은 발락에게 가지 않지만 발락이 재차 더 높은 지위의 고관들을 다시 보내자(민 22:15) 처음부터 그들의 돈에 관심이 있었던 발라암은 두 번째 요청을 단호히 거절하지 못한다. 이에 하나님께서는 발라암을 시험하고자 『**만일 사람들이 너를 부르러 오면, 일어나서 그들과 함께 가라. 그러나 너는 내가 너에게 하는 말만 할지니라.**』(민 22:20)라고 말씀하신다. 발라암은 이를 하나님께서 가도록 허락하신 것이라고 "의도적으로 착각" 한 채 사람들이 부르러 오지도 않았는데 아침부터 나귀에 안장을 지우고 그들과 함께 길을 떠난다. 그래서 성경은 『**그가 떠났기 때문에 하나님의 진노가 일어났으니, 주의 천사가 그의 대적자로서 길에 섰더라.**』(민 22:22)라고 말씀하시며 불의의 삯을 사랑하여 곁길로 나간 발라암을 대적하시는 것이다.

오늘날에도 발라암의 길을 따르는 자들이 있다. 목사나 집사나 선교사 등 각종 타이틀을 거머쥔 채 교세를 자랑하면서 모든 악의 근원인 돈을 사랑하여 바른 성경을 저버리고 하나님의 뜻을 무시하며 바른 길에서 벗어나 자기 탐욕대로 행동하는 자들이다. 하지만 자기 배를 위해 발라암의 길을 따르는 자들을 주님께서는 대적하신다는 사실을 잊어서는 안 된다.

2. 발라암의 잘못

> 『그들에게 화 있으리라! 이는 그들이 카인의 길로 갔고 또 상을 위하여 발라암의 잘못을 따라 탐욕스럽게 달려갔으며, 코라의 모반으로 멸망하였음이라』(유 1:11).

발락에게 간 발라암은 이스라엘 민족을 직접적으로 저주하지는 않는다. 하지만 『**이제 보소서, 나는 내 백성에게로 가거니와, 오소서, 훗날들에 이 백성이 당신의 백성에게 어떻게 할 것을 내가 당신에게 알려 주리이다.**』(민 24:14)라고 말하며 이스라엘을 범죄케 하여 하나님의 진노가 임하도록 만든다. 그러나 제사장 아론의 손자, 엘르아살의 아들 피느하스가 음행을 저지르는 이스라엘 남자와 미디안 여인의 배를 창으로 찔러 죽였는데, 이와 같은 주 하나님을 향한 열성을 보시고 하나님께서는 이스라엘을 진멸하지 않으신다. 하지만 발락은 이러한 용서, 속죄에 대해 무지했고 그래서 하나님께서는 의로우시기에 율법에 따라 이스라엘의 악에 대해서 마땅히 저주를 내리셔야만 한다고 생각했다. 이것이 바로 『**발라암의 잘못**』이다. 이는 오늘날 예수 그리스도를 통한 대속과 그로부터 오는 하나님의 화평에 무지한 사람들이 동일하게 범하는 잘못이기도 하다.

3. 발라암의 교리

> 『그러나 내가 네게 두어 가지 책망할 것이 있나니 이는 네게 발라암의 교리를 지키는 자들이 있음이라. 그가 발

락을 가르쳐 이스라엘 자손들 앞에 거치는 것을 놓게 하며, 우상에게 바친 제물을 먹게 하고 또 음행하도록 하였느니라』(계 2:14).

『발라암의 교리』는 하나님께서는 죄를 묵과하실 수 없는 의로우신 하나님이시기 때문에 이스라엘로 하여금 죄를 짓게 만듦으로써 하나님의 저주가 이스라엘에게 내려지도록 유도하는 계략을 말한다. 발라암은 이스라엘이 모압 여인들과 음행함으로써 이방 민족이 섬기는 우상들을 숭배하는 범죄 행위를 저지르도록 했다(민 31:16).

오늘날 교회들이 타락하여 죄인에게 지옥에 대해 경고하지 않고, 그리스도인들로 하여금 세상과 타협하며 육신적으로 사는 것에 대해 지적하지 않는 것이 곧 **『발라암의 교리』**를 따르는 것이다. 죄와 세상에 대해 경고하여 바로잡힐 기회를 주지 않는 것은 그대로 멸망하라는 것과 다를 바 없다. 그럼에도 오늘날 세상 교회들은 구원받지도 않은 자들을 교인으로 삼아 오히려 교회 안에 세상의 파고가 들어오도록 조장하면서 교회와 세상이 섞이도록 만들며 **『발라암의 교리』**를 따르고 있는 것이다.

이 땅에는 수많은 가짜 사역자들과 거짓 교사들이 **『불의한 삯을 사랑』**하여 하나님의 말씀과는 무관하게 행하며 발라암의 길을 따르고 있고 발라암의 잘못을 반복하고 있으며 또 발라암의 교리를 가르치고 있다.

여기에 수많은 사람들이 속아 넘어가고 있는데 이는 결국 하나님의 말씀을 멀리하고 진리의 말씀을 올바로 공부하지 않기 때문이다. 속지 않으려면 하나님의 말씀을 공부해야만 한다!(딤후 2:15)

거짓 선지자의 미친 짓을 막은 나귀

『자기의 죄악으로 인하여 책망을 받았으니 말못하는 나귀가 사람의 음성[man's voice]으로 말하여 그 선지자의 미친 짓을 막았느니라』(벧후 2:16).

민수기 22:22-35의 말씀에 나귀가 그 선지자의 미친 짓을 막았던 당시의 상황이 기록되어 있다. 거짓 선지자 발라암이 하나님의 뜻을 거역하고 모압 왕 발락에게로 가는 길에 천사가 칼을 들고 나타나자 나귀가 이를 보고 길에서 벗어나 들로 나간다. 이에 발라암이 나귀를 때린다. 포도원의 양쪽 담장 사이 좁은 길에 들어서자 또 천사가 나타나 길을 가로막자 나귀가 담에 몸을 밀어붙이고 발라암의 발은 담에 뭉개어지게 된다. 이에 발라암이 다시 나귀를 때린다. 나귀가 이보다도 더 좁은 길에 들어섰을 때, 또다시 천사가 나타나 앞을 가로막아 피할 길이 없자 나귀는 그 자리에 엎드려 버린다. 이에 발라암은 화가 나서 이번에는 지팡이로 나귀를 때린다. 그러자 하나님께서 나귀의 입을 여셨고 나귀는 『**내가 네게 무엇을 하였기에, 네가 나를 이같이 세 번 때리느냐?... 나는 네 것이 된 때부터 오늘까지 네가 타는 나귀가 아니냐? 내가 네게 이같이 하는 버릇이 있더냐?**』(민 22:28-30)라고 말한다. 나귀는 칼을 들고 서 있는 주의 천사를 보고 그 길 가기를 멈춤으로써 발라암의 『**미친 짓**』을 막았던 것이다.

사실 발라암의 나귀는 암나귀였다. 민수기 22:23에서 칼을 빼어 든 주의 천사를 처음 보고 길에서 벗어나 들로 들어섰을 때 발라암은 나귀를 길로 돌이키려고 때리는데, 영어 킹제임스성경에서는 길로 돌이키려고 한다는 말씀을 『to turn her into the way』라고 기록하고 있습니다. 그리고 25절, 27절, 28절에서도 그 나귀를 "She"라는 대명사로 받고 있다.

그런데 사도 베드로는 베드로후서 2:16에서 그 암나귀가 사람의 음성으로 (man's voice) 곧 남자의 음성으로 말했다고 말하고 있다. 일반적인 상황이라면 발라암은 아주 크게 놀랐어야 했고 나귀가 말을 하게 된 이유 곧 자신이 하려고 했던 일들에 대해 온전히 회개하고 돌이켰어야 했을 것이다. 그럼에도 불구하고 발라암의 길로 들어서 발라암의 잘못을 범하며 발라암의 교리를 전했고 끝내 이스라엘과의 전쟁에서 죽어(민 31:8) 지옥에 가게 된다. 이것이 불의의 삯을 사랑하는 것, 돈을 사랑하는 그 모든 악의 뿌리를 잡은 채(딤전 6:10) 돌이키지 않고 회개하지 않은 사람의 결말이다.

초림과 재림에 등장하는 나귀

1. 초림 때 등장하는 나귀

성경에서 나귀는 다른 동물들에 비해 독특하다. 나귀는 짐승이면서도 양에 의해 구속받는, 사람과 동등한 대우를 받는다.

> 『나귀의 모든 첫배 새끼는 네가 어린양으로 대속할 것이요 네가 그것을 대속하지 않으려면 너는 그 목을 꺾을 것이며, 또 너의 자손 가운데서 사람의 모든 첫태생을 대속할지니라』(출 13:13).

출애굽기 13장에서 첫태생의 율례를 말하며 짐승에서 나온 첫배 새끼를 주께 따로 떼어 놓으라고 말씀하시는데 유독 나귀의 첫배 새끼는 어린양으로 대속해야 하고, 그렇지 않으며 목을 꺾으라고 말씀하고 있다. 13절 후반에서 사람의 모든 첫태생을 대속하라는 말씀으로 살펴보자면 나귀 첫배 새끼는 사람

과 동등한 취급을 받는 것이다. 그래서 욥도 욥기 11:12에서 『**사람이 들나귀 새끼같이 태어나도 허망한 사람이 현명하게 되느니라.**』라고 말하며 사람을 들나귀 새끼에 직접적으로 비유하고 있다. 그런데 아니나 다를까 욥기 1:14에서도 나귀는 구원받지 않는 죄인을 예표하고 있다.

『한 심부름꾼이 욥에게 와서 말하기를 "소들은 밭을 갈고 나귀들은 그 옆에서 풀을 뜯는데』(욥 1:14).

이 말씀에서 소는 정결한 성도를, 나귀는 불결한 죄인을 예표하고 있다. 왜냐하면 지금 소는 밭에서 밭을 갈면서 열심히 일하면서 주인을 섬기고 있는데, 나귀는 그 옆에서 자신의 배를 채우기 위해 풀을 뜯고 있는 것에만 급급할 뿐이기 때문이다. 이는 성도와 죄인에게 비유될 수 있다. 즉 성도는 몸값을 지불하셔서 자신을 사신 주님을 위해 일하는 반면, 죄인들은 자기 자신을 위하여 일하며 자기 자신만의 욕구를 채우는 데 급급할 뿐이기 때문이다. 『**소도 자기의 주인을 알고 나귀도 자기 주인의 구유를 알건만**』(사 1:3)이라는 말씀에서처럼 소는 자기를 구속한 자기 주인을 안다. 하지만 죄인은 자기본위적이어서 자신의 배를 채울 곳만을 알고 있을 뿐이다.

예수 그리스도께서 초림 때 나귀를 타시고 예루살렘에 입성하셨다. 사복음서에 모두 기록된 이 사건은(마 21:1-9, 막 11:1-10, 눅 19:28-40, 요 12:12-19) 구약에 기록된 예언이 성취되는 순간일 뿐만 아니라 나귀로 예표되는 죄인을 구원하시고 또 부르시는, 헌신과 관련된 좋은 영적인 교훈이 되기도 한다. 먼저 나귀를 타고 예루살렘에 승리의 입성을 하시는 모습은 스가랴 9:9에 예언되어 있다. 『**오 시온의 딸아, 크게 기뻐하라. 오 예루살렘의 딸아, 소리지르라. 보라, 네 왕이 네게 오시나니 그는 공의로우시며 구원을 지니셨고, 겸손하시며 나귀를 타시리니 나귀의 새끼인 어린 나귀니라.**』 바로 이어지는 10절에서는 『**또 내가 에**

프라임으로부터는 병거를, 예루살렘으로부터는 말을 끊어 버릴 것이며, 전쟁의 활도 끊어지리라. 그리고 그가 이방에게 평화를 말하리니 그의 다스리심이 바다로부터 바다까지이며 강으로부터 땅 끝까지 되리라.』라고 말씀하는데 9절 말씀과 사뭇 분위기가 다르다. 이는 10절 말씀이 재림과 관련된 말씀이기 때문이다. 구약에서는 이처럼 초림과 재림이 동시에 등장하는 구절들이 많다. 심지어 한 구절 안에서 쉼표 하나로 나뉘기도 하는데 혹자는 초림이 성취된 9절 말씀과 연계하여 재림과 관련된 10절 말씀도 이미 성취되었다고 말하기도 한다. 이들이 바로 후 · 무천년주의자들인데 예수 그리스도께서 지금 이 땅을 영적으로 다스리고 계시다는 얼토당토 않는 주장을 하는 것이다. 하지만 스가랴서 9:10과 연계하여 예수 그리스도께서 재림하실 요한계시록 19장의 상황은 영적으로 적용되는 것이 아니다. 아직 성취되지 않은, 그러나 이제 곧 실제적으로 문자적으로 이 땅에 그대로 실현될 일인 것이다.

2. 죄인을 구원하시는 예표로 사용된 나귀

예수 그리스도께서 나귀를 타고 예루살렘에 입성하셨던 일은 영적으로 죄인을 구원하시고 부르셔서 들어 쓰시는 것으로도 적용할 수 있다. 우선 예수님께서 쓰시려 했던 나귀 새끼는 아직 아무도 타보지 않은, 길들여지지 않은 나귀 새끼로(눅 19:30) 문밖에 매여 있었다(막 11:4, 요 10:9). 이런 모습은 아직 주님을 모른 채 평생을 죄 가운데 죽음과 썩어짐에 속박당한 채(롬 8:21, 히 2:15) 자기 죄들의 줄들에 매여 있는 죄인들의 모습에 비견된다(롬 5:22). 하지만 예수 그리스도께서 두 제자를 보내시며 묶여 있던 나귀 새끼 한 마리를 풀어서 주님께로 끌고 오라고 말씀하셨다. 그리고 『**만일 누가 너희에게 묻기를 '어찌하여 그것을 푸느냐?'고 하면 너희는 그에게 '주께서 그것을 쓰신다[need].'고 말하라."고 하시니라.**』(눅 19:31)라고 말하라 하셨다. 주님께서는 지금 그 나귀를 쓰기 원하시며, 그 나귀를 필요로 하고 계신 것이다. 즉 주님께서는 죄의 속박에 매여 있는 죄인들을 풀어 구원하기를 원하고 계시며, 또 그렇게 구원받은 그리스도인을 필요로 하시며 쓰기 원하신다는 말이다. 하지만 대부분은 그 부르심에 응하지 않는다. 속박에서 풀어 주신다는 것을 거절한 채 죽음을 두려워함으로 평생을 노예로 속박되어 있다가, 멸망하는 짐승들처럼 죽어 멸망하는 사람들이 부지기수인 것이다. 만약 속박에서 해방된다 할지라도 주님께서 그 나귀에 타시는 것을 원하시고 또 그렇게 쓰기를 필요로 하시는데 그 부르심에 응하지 않는 경우가 많은 것이 또한 현실인 것이다. 하지만 『**주께서 그것을 쓰신다**』라고 말씀하셨다. 주께서 쓰시고자 할 때 부르심에 응답하고 또 자신을 온전히 내어 드릴 수 있어야 한다.

이제 주님의 말씀에 따라 두 제자가 맞은 편 마을로 가서 묶여 있는 나귀 새끼를 보고 풀려고 하자 어김없이 주인들이 나타났고 어찌하여 나귀 새끼를 푸느냐고 묻는다. 주인들이 이러한 모습은 이 세상의 신인 사탄이 구원받기 전 자신에게 속해 있는 사람들에게 복음의 광채가 비치지 못하도록 하여 믿지 않는 자들의 마음을 어둡게 만드는 것과 같다(고후 4:4). 사탄은 먼저 구원의 복음이 전해지지 못하도록 막는다. 복음이 전해지더라도 마음으로 믿고 순종하지 못하도록 하며, 누군가가 복음을 듣고 마음으로 믿어 구원받더라도 재빨리 그 구원을 의심케 만들어 그의 믿음이 성장하지 못하도록 지속적으로 방해하는 것이다.

하지만 제자들은 주께서 그것을 쓰신다고 말하고 그 나귀 새끼를 풀어 주님께로 데려온다. 바로 죄인이 구원받는 모습이다. 주께서 필요로 하시고 쓰신다고 할 때, 주 예수 그리스도를 믿는 마음으로 받아들인다면 그 즉시로 구원받을 수 있다. 들나귀 새끼를 예수님께로 데려오자 예수님께서는 나귀의 등에 타셔서 바로 나귀를 길들이신다. 사복음서에서는 나귀에게 재갈을 물렸다는 말씀은 없지만 『**말에게는 채찍이요, 나귀에게는 재갈이요, 어리석은 자의 등에는**

매니라.』(잠 26:3)라는 말씀에 비추어 볼 때 재갈을 물려 길들이셨을 것이다. 예수님께 길들여진 나귀는 이제 자신의 뜻대로 움직이는 것이 아니라 등에 타시어 고삐를 잡고 계신 예수 그리스도의 뜻대로 움직이게 된다. 이와 마찬가지로 구원받은 그리스도인 또한 주님께서 이끄시는 대로, 가야 할 길을 알려 주시는 대로 나아가야만 한다. 내 뜻대로 행하는 것이 아니라 몸값을 주고 사신(마 20:28, 딤전 2:6) 주님의 뜻대로 움직여야만 하며, "주님께서 원하시면 어디든지 가겠습니다."라는 마음가짐으로 나가는 것이 구원받은 그리스도인의 진정한 자세이다.

3. 재림 때 등장하는 나귀

예수 그리스도의 초림 때 주님의 예루살렘 입성에 쓰였던 나귀는 예수 그리스도의 재림 때에도 그 모습을 드러낸다. 『**만왕의 왕, 또 만주의 주**』이신 예수 그리스도께서 내려오실 때 뒤를 따라 내려오는 존재가 있다(계 19:16). 요한계시록 19:14에서는 『**또 하늘에 있는 군대들이 희고 정결한 세마포를 입고 흰 말들을 타고 그를 따르더라.**』라고 말씀하며, 그 존재가 바로 하늘에 있는 군대라고 말씀하는데 이 군대는 "두 부류"로 이루어져 있다.

첫 번째 부류는 요한계시록 19:4에서도 볼 수 있듯이 희고 정결한 세마포를 입은 어린양의 아내(계 19:8), 곧 그리스도의 몸 된 교회이다. 이들은 흰말을 타고 예수 그리스도의 뒤를 따라 지상으로 내려올 것이다. 두 번째 부류는 재판관기 5:9,10에서 볼 수 있다. 『**내 마음이 백성 가운데서 그들 자신을 기꺼이 드린 이스라엘의 치리자들에게 향했도다. 너희는 주를 송축하라. 흰 나귀들을 탄 너희는 재판에 앉은 너희는 말하라, 길을 따라 걸으라**』(판 5:9,10). 이 말씀에서 흰 나귀들을 탄 너희는 곧 그들 자신을 기꺼이 드린 이스라엘의 치리자들을 말한다. 곧 구약 시대에 구원받은 이스라엘과 대환란 시대에 구원받은 이스라엘이다. 이들이 예수 그리스도를 따르는 또 다른 한 부류로서 예수 그리스도의 영광스러운 재림 때 그 뒤를 따라 내려올 것이다. 이처럼 나귀는 초림 때뿐만 아니라 예수 그리스도의 재림 때에도 등장하는 독특한 동물임을 알 수 있다.

■ 새롭게 깨달았거나 적용할 내용이 있다면 적어 보세요. ■

NOTES

NOTES

제4과
성경에 등장하는 말들

『또 내가 하늘이 열린 것을 보니 흰 말이 보이더라. 그 위에 앉으신 분은 신실과 진실이라 불리며 의로 심판하고 싸우시더라』(계 19:11).

땅과 하늘에 있는 "말들"(horses)

성경은 과거에 일어났던 일들과 앞으로 반드시 일어날 일들에 관해 사실 그대로를 기록해 놓은 역사책이다. 그래서 인류가 시작된 이래로 일어난 여러 가지 역사적인 사건들과 함께 인명들과 지명들을 성경 곳곳에 일일이 기록하고 계신다. 그런데 한 가지 주목할 점은 성경에는 사람 외에도 여러 가지 동물들의 이름들이 기록되어 있다는 사실이다. 동물들의 이름이 여럿 있겠지만, 그중에서도 창세기부터 요한계시록에 이르기까지 지속적으로 등장하는 동물이 있는데, 그중 하나가 바로 "말"(horse)이다. 역사적으로 "말"은 사람들과 늘 함께 해 왔다. "말"은 지칠 줄 모르는 힘과 빠르게 달리는 특징을 가졌기 때문에 물건을 끄는 일에나 전쟁에 주로 사용되어 왔다.

이런 "말들"이 땅뿐만 아니라 하늘에도 존재하고 있음을 성경은 분명히 밝히고 있지만, 예수 그리스도의 부활과 재림을 믿지 않는 자들과 하나님의 말씀을 공부하지 않은 자들에게는 그저 허황된 이야기로 들릴 뿐이다. 그러나 성경은 분명히 하늘에 "말들"이 있었고, 지금도 있으며, 그 수많은 "말들"이 앞으로 이 땅에 내려올 것임을 말씀하고 있다. 선지자 엘리야를 하늘로 데려가실 때 내려온 "불병거"와 "불말들"(왕하 2:11)은 어디서 왔는가? 재림하시는 예수 그리스도께서 타고 오실 "흰 말"과 그 뒤를 따르는 하늘에 있는 군대들이 타고 오는 "흰 말들"의 실체는 "한 번 죽는 것은 사람들에게 정해진 것"(히 9:27)이라는 말씀만큼이나 확실하다(계 19:11-14).

"말"(horse)의 기원과 특징들

1. "말"(horse)과 인류의 역사

성경은 이집트인들이 맨 먼저 들에서 나귀들과 낙타들, 그리고 소들과 양들 외에도 "말들"을 가축으로 키웠음을 보여 준다(출 9:3). 그러나 이러한 "말들"이 가축으로써만 한정되는 것이 아니라 전쟁을 위한 도구로써 군대에서 사용되었는데, 이집트에서 탈출하는 이스라엘을 뒤쫓는 이집트의 군대를 통해 이러한 사실을 확인할 수 있다(출 14:9). 당시 이집트의 군대를 대표하는 것은 "말들과 병거들과 기병들"이었다(출 14,15장, 신 11:4).

그런 반면 하나님께서는 자기 백성 이스라엘에게는 『**왕은 스스로 말들을 많이 번식시키지 말 것이며 그가 말을 번식시킬 목적으로 그 백성을 이집트로 돌려보내지 말라.**』(신 17:15,16)라고 명하셨다. 사실 "말"은 군사력의 강력한 상징이다. 그러나 하나님께서는 이스라엘이 그 힘의 원천으로 "말"이 아닌 그들의 원수들로부터의 구원과 승리를 주신 주님께 두기를 원하셨다. 무엇보다 『**주는 전사**』(출 15:3)이시며, 이집트에서 그들을 구원하신 위대하신 분이심을 그들로 믿기를 원하신 것이다(신 20:1, cf. 대하 16:8, 시 20:7; 33:17, 잠 21:31, 사 31:1,3, 호 1:7).

이스라엘 주변국들은 "여호수아의 때"(수 11:4-9)에도 "사울왕의 때"(삼상 13:5)에도, 그리고 "다윗의 때"(삼하 8:4; 10:18)에도 늘 말들과 병거들과 기병들로 위협해 왔다. 그러나 이후 이스라엘조차 이방 민족들처럼 하나님의 통치를 거부하며 인간 왕을 원했고, 왕들은 "말"을 의지하기 시작했다. 그 시작은 "압살롬"이었으며(삼하 15:1), 학깃의 아들 "아도니야"도 마찬가지였다(왕상 1:5). 아이러니한 것은 이스라엘 역사상 말들과 병거들과 기병들을 가장 많이 늘린

왕이 다름 아닌 하나님의 성전을 지은 "솔로몬"이라는 사실이다. 그는 병거 성읍들과 기병 성읍들을 추가로 건축할 정도로 말들을 늘렸고(왕상 9:19), 『**병거를 위한 말들의 마구간**』을 사만 개요, 『**기병**』은 일만 이천으로 증강시켰으며(왕상 4:26), 기병들을 『**병거들을 위한 성읍들**』에 배치하고 왕과 함께 『**예루살렘**』에도 배치했다(왕상 10:26).

결국 하나님의 명령을 거부한 그의 행보로 인해 이스라엘은 분열되기 시작했고, 주변 나라들은 여전히 말들과 기병들과 병거들로 이스라엘을 공격했다(왕상 20:1). 이스라엘을 향한 이러한 공격은 여기서 멈추지 않고 시대를 훨씬 뛰어넘는 대환란 때에도 이어지는데, 이때에도 말들은 다시 사용될 것이다(계 9장). 인류 역사는 전쟁의 역사이다. 전쟁의 도구로서 늘 "말들"이 사용되었고, 이제 그 모든 전쟁들을 끝내시기 위해 예수 그리스도께서 "흰 말"을 타시고, 이 땅에 오셔서 정의로운 심판을 행하실 것이다. 그뿐 아니라 이스라엘과 더불어 자연을 회복시키시고 영원한 화평을 이 땅에 가져오실 것이다.

2. "말"(Equus ferus)의 특징과 영적 교훈

1) <u>말은 "길들여야" 탈 수 있다</u>. 『**보라, 우리가 말들을 복종하게 하려고 그 입에 재갈을 물려 그것들의 온몸을 제어하느니라**』(약 3:3, cf. 시 32:9). 미국 서부 농장주들에게는 야생마를 길들이는 특이한 방법이 있는데, 그것은 야생마보다 작은 당나귀를 함께 묶어 두는 것이다. 그러고는 고삐 없이 풀어 놓는다. 그러면 야생마는 날뛰기 시작하고 힘없는 당나귀는 이리저리 끌려 다니다 둘이 함께 사라져 버린다. 그렇게 며칠이 지나면 사라졌던 둘이 다시 나타난다. 그런데 이제는 당나귀가 앞장을 서고 야생마가 그 뒤를 얌전히 따르고 있는 것이 아닌가! 당나귀를 떼어놓기 위해 젖 먹던 힘까지 다 쏟아내며 날뛰던 야생마가 끝까지 매달려 있던 당나귀에게 지쳐서 얌전해진 것이다. 하나님의 자녀

들도 이와 같이 주님을 따라 배워야 한다. 『**나는 마음이 온유하고 겸손하니, 내 멍에를 메고 나에게서 배우라. 그리하면 너희가 너희 혼에 쉼을 얻으리라**』(마 11:29).

2) **말은 "훈련"이 필요하다**. 매일 정해진 시간에 먹이를 주고, 손질하고, 훈련시키는 것은 말에게 있어 매우 중요하다. 말은 본능적으로 온종일 사건을 예상하는 "습관"(행 17:2,11, 히 10:25)을 가졌으므로 그 같은 훈련은 말을 건강하고 훌륭한 준마로 만들어 준다. 하지만 때로는 채찍도 필요하다. 『**말에게는 채찍이요, 나귀에게는 재갈이요, 어리석은 자의 등에는 매니라**』(잠 26:3).

3) **말은 "힘의 대명사"이다**. 말의 근육 세포는 인간의 그것과는 차원이 다르다. 그래서 피로를 쉽게 회복하도록 하는 근육 구조로 인해 아무리 달리고 오래 달려도 쉽게 지치지 않는 것이다. 그래서 성경은 "힘"을 상징할 때, 주로 말을 예로 드신다. 『**안전을 위해서는 말도 부질없는 것이요, 그 막강한 힘으로 아무도 구해 내지 못하리라**』(시 33:17, cf. 시 147:10).

4) **말은 "민감한 동물"이다**. 말은 "예민한 감각을 가진 동물"이라서 늘 잠재적인 위협에 경계하고, 민감하며, 주변 환경을 인식한다. 그래서 우리가 알아차리지 못하거나 듣지 못하는 소리를 듣고서 언제든지 그 방향으로 귀를 가리키는 것이다. 이렇듯 말은 주변의 위험을 예리하게 인식하는데, 이것이 그들의 안전을 유지하고 위험을 피하는 방법이다. 『**정신을 차리고 깨어 있으라. 이는 너희의 대적 마귀가 울부짖는 사자처럼 삼킬 자를 찾아 두루 다니기 때문이니라**』(벧전 5:8).

5) **말은 "무리 동물"이다**. 말은 서로의 보호와 교제를 위해 무리에 의존하는 "사회적 동물"이다. 그래서 각각의 말에게는 역할과 책임이 있는데, 이것이 구성원을 체계적이고 안전하게 유지하도록 한다. 이들 가운데는 늑대, 퓨마, 코요테 등과 같은 포식자의 위협을 주시하는 말들이 있고, 보초의 임무를 맡는 말들도 있다. 『**그러므로 너희가 행하고 있는 것처럼 서로 위로하고 서로를 세워**

주라』(살전 5:11).

6) **말은 "초식 동물"이다.** 말은 "초식 동물"이므로 힘을 유지하고, 영양을 충족하기 위해 "풀과 건초"를 먹는다. 그러나 열심히 일하는 말은 더 많은 에너지가 필요하기 때문에 곡물이 보충된 식단이 요구된다. 마찬가지로 주님을 위해 더 많은 일을 하려는 성도들은 반드시 말씀으로 영양을 충분히 공급받고, 기도를 통해 위로부터 오는 하나님의 능력을 힘입어야 한다. 『**내게 능력 주시는 그리스도를 통하여 내가 모든 것을 할 수 있느니라**』(빌 4:13).

인류와 함께한 "말(horse)의 용도"

1. 전쟁을 위한 도구

『또 그 메뚜기들의 모양은 전쟁을 위하여 준비한 말들 같고, 그 머리에는 금 면류관 같은 것을 썼으며, 그 얼굴은 사람들의 얼굴과 같고... 또 그들의 흉배는 철흉배 같았으며, 날개 소리는 전쟁터로 달려가는 많은 말들이 끄는 병거 소리 같더라』(계 9:7,9).

1) **이집트인들의 군대** - 열 번의 재앙으로 초토화된 이집트는 이스라엘을 순순히 내보냈지만, 파라오의 마음은 다시 완악하게 되어 그들을 붙잡으려 쫓아갔다. 『**이집트인들이 그들을 뒤쫓으니, 곧 모든 말들과 파라오의 병거들과 그의 기병들과 그의 군대라**』(출 14:9). 그러나 하나님께서 이스라엘을 쫓아 바다 가운데로 들어온 병거들과 기병들과 파라오의 모든 군대를 바닷물로 덮쳐 버리셨고, 그들 중 한 사람도 남겨 두지 않으셨다(출 14:28, cf. 출 14:14).

2) **필리스티아인들의 군대** - 사울왕이 이스라엘을 다스린 지 2년이 되었을 때 그의 아들 요나단이 필리스티아인들의 거점을 쳤는데, 이때 이스라엘의 전

력은 3천 명에 불과했고 심지어 칼이나 창도 부족했다(삼상 13:19-22). 반면 필리스티아인들은 『**삼만 병거와 육천 기병**』(삼상 13:5)으로 이스라엘을 대적했다.

3) <u>시리아인들의 군대</u> - 다윗의 호의를 오해한 암몬 왕은 자신의 행동이 다윗을 불쾌하게 한 것을 알고 시리아인들을 용병했는데 그들의 병력은 엄청났다. 『**다윗이 시리아인들 중에서 병거**[chariots] **칠백에 탄 자들과 기병**[horsemen] **사만을 죽이고**』(삼하 10:18).

4) <u>적그리스도의 군대</u> - 산업혁명 이후로 전쟁에는 "말들"이 거의 사용되지 않았다. 그러나 교회가 휴거된 이후 이 땅에는 전무후무한 대환란이 일어날 것인데, 이때 이방 민족들(UN)은 기병대를 이끌고 하나님을 대적하며 아마겟돈 전쟁에서 몰살되는 최후를 맞게 된다. 『**기병대의 수는 이억이니 내가 그들의 숫자를 들었노라**』(계 9:16).

5) <u>종전(終戰)과 "이스라엘의 회복"</u> - 이 땅에서의 평화유지는 전쟁을 위한 무기를 경쟁적으로 증강시키지 않을 때에나 한시적으로 가능하다. 『**그들이 이집트와 모든 땅에서 말들을 솔로몬에게로 가져왔더라**』(대하 9:28). 하지만 영원한 평화는 오직 예수 그리스도의 재림과 더불어 이루어지는데(사 2:4), 이때 이스라엘은 회복되고 전쟁의 무기인 말들도 사라진다. 『**또 내가 에프라임으로부터는 병거를, 예루살렘으로부터는 말을 끊어 버릴 것이며, 전쟁의 활도 끊어지리라. 그리고 그가 이방에게 평화를 말하리니 그의 다스리심이 바다로부터 바다까지이며 강으로부터 땅 끝까지 되리라**』(슥 9:10).

2. 장거리 이동 및 호송을 위한 수단

『요셉이 자기 아비를 장사하러 올라가는데... 병거들과 기병대가 그와 함께 올라가니 광장히 큰 무리더라』(창 50:7,9).

창세기 50장에는 요셉이 아버지 야곱을 장사지내기 위해 카나안으로 올라갈 때 『**병거들과 기병대**』를 대동하고 오는 모습이 나온다(창 50:7-9).

사도행전 23장에서도 매복한 유대인 40명의 결사대가 사도 바울을 죽이려고 모의하지만, 카이사랴의 펠릭스 총독에게 안전하게 호송되도록 사령관이 돕는 모습이 나온다. 『**두 백부장을 불러 말하기를 "밤 제삼시에 카이사랴까지 갈 보병 이백 명, 기병 칠십 명과 창병 이백 명을 대기시키고**』(행 23:23, cf. 느 2:9). 이렇듯 병거들과 기병대가 전쟁뿐만 아니라 장거리 이동이나 호송에 이용되기도 했다.

3. 부와 권력의 상징

> 『또한 그들의 땅에는 은과 금이 가득하고 보물은 끝이 없으며, 그들의 땅에는 말들이 가득하고 병거들은 끝이 없나이다』(사 2:7).

이방 민족들에게 있어서 "말"은 "부와 권력"의 상징이다. 그런데 하나님의 백성 이스라엘이 주님을 자신들의 힘으로 삼지 않고, 그들처럼 교만해지고 거만해지자 하나님께서 심판하신 것이다(사 2:6-17). "말"은 특히 왕의 힘과 권세를 상징한다. 『**왕께서 입으시는 왕복과 왕이 타시는 말과 왕의 머리에 쓰신 왕관을 가져다가 그 왕복과 말을 왕의 지극히 존귀한 고관들 중 한 사람의 손에 넘겨주시어**』(에 6:8).

이뿐 아니라 말은 국가의 안위와 개인의 출세를 위해 왕에게 드려지는 예물 중의 하나였다. 『**모든 땅이 하나님께서 솔로몬의 마음에 두신 그의 지혜를 듣기 위하여 솔로몬을 보려 하더라. 그들 각 사람이 예물, 즉 은그릇과 금그릇과 의복과 갑옷과 향료와 말과 노새를 가지고 왔으니 해마다 일정량씩 가져오더라**』(왕상 10:24,25).

4. 양식을 위한 교환품목

『요셉이 말하기를 "너희의 가축을 달라. 돈이 바닥났으면 너희의 가축과 바꾸어 주리라." 하니, 그들이 요셉에게 그들의 가축을 가져오고 요셉이 말들과 양떼와 소떼와 나귀들을 양식과 교환해 주어, 그 해에 요셉이 그들의 모든 가축과 바꾸어서 그들의 양식을 공급해 주더라』(창 47:16,17).

성경에 "말"(horse)이 처음 등장하는 곳은 창세기 47:17이다. 이집트에서 총리가 된 요셉은 7년간의 극심한 기근이 있는 동안 "말들과 양떼와 소떼와 나귀들"을 가져온 사람들에게 양식과 교환해 주었다. 이후 솔로몬의 때에도 이러한 거래가 활발하게 이루어지는데(왕상 10:28,29) 심지어 대환란 때에도 상인들의 거래 품목임을 볼 수 있다. 『**그 상품들은 금과 은과 보석과 진주와 ... 계피와 향료와 향유와 유향과 포도주와 기름과 고운 가루와 밀과 짐승들과 양과 말과 마차와 노예들과 사람들의 혼들이라**』.(계 18:12,13).

5. 우상숭배의 대상

『또 그가 유다의 왕들이 태양에게 바친 말들을 외곽 지역에 있는 **주**의 전의 입구, 즉 시종 나단멜렉의 집 곁에서 제하여 버리고, 또 태양의 병거들을 불살랐으며』(왕하 23:11).

하나님께서는 피조물에게 경배하는 것을 허락지 않으셨으나(롬 1:18-25), 타락한 인간들은 피조물에게 신비감을 부여하며 그것의 위엄을 높여 왔다. 그뿐 아니라 선한 것을 사악한 것으로 바꾸는 데도 일가견이 있었는데, ❶ 노아가 방주에서 나온 후 주께 쌓았던 제단이 그러했다. 그 제단은 후에 이스라엘이 우상을 섬기는 산당으로 변했다(창 8:20, cf. 레 26:30). 또한 ❷ 모세가 만든

"놋뱀"이 그러했다. 그것은 광야의 이스라엘로 쳐다보면 살게 하기 위한 것이었으나, 후에 그들은 그것을 우상숭배의 대상인 "느후스단"으로 높였던 것이다(왕하 18:4). 이만 아니라 ❸ 엘리야를 들어올린 "불병거"와 "불말들"도 "불(태양)+병거(말)"을 우상으로 둔갑해 버렸다(왕하 23:11).

> **하나님의 진정한 기병들(왕하 2:11,12)**
>
> 선지자 엘리야 앞에 "불병거와 불말들"이 나타나 그를 하늘로 데려갈 때, 엘리사는 『내 아버지여, 내 아버지여, 이스라엘의 병거와 그 기병들이여!』(왕하 2:12, cf. 왕하 13:14)라고 외친다. 이것은 "하나님의 선지자"가 군대를 대표하는 "병거와 기병들"과 맞먹는 위대한 하나님의 일꾼이요, 군사임을 의미하는 말이다(딤후 2:3). 이후 엘리사는 시리아 왕이 보낸 "말들과 병거들과 큰 군대"로 인해 포위되는데, 이때 그의 종의 눈을 열어 엘리사를 에워싼 "말들과 불병거들"을 보여 줌으로써 그러한 의미를 더욱 확증하고 있다(왕하 6:16,17).

말 탄 자들의 전쟁

1. 2억의 기병대들 vs. 하늘에 있는 군대들

> 『또 내가 보니, 그 짐승과 땅의 왕들과 그들의 군대가 그 말 탄 분과 그의 군대에 대적하여 전쟁을 하려고 다 함께 모였더라』(계 19:19).

요한계시록 9:16에 등장하는 2억의 기병대는 사탄의 군대들로서 해 돋는 곳으로부터 팔레스타인을 향해 몰려온다. 『**여섯째 천사가 자기 호리병을 큰 강 유프라테스에 쏟으니 강물이 말라 버려서 동방의 왕들의 길이 예비되더라**』(계 16:12). 이 군대는 유프라테스 강을 건너 팔레스타인을 향하는데, 정해진 날과 시간에 진격해 온다(계 9:15).

이 군대는 땅에 남아 있는 인구의 "사분의 삼"(계 6:8) 가운데 "삼분의 일"을 죽이려고 온다(계 9:15). 그러나 이후 하늘이 열리고 하늘에 있는 군대들과 함께 예수 그리스도께서 흰 말을 타고 오시는데(합 3:15), 주님께서는 의로 심판하고 싸우며 하나님을 대적하여 모여든 사탄의 군대를 한순간에 처리하신다(계 19:15).

다시 말해 그것은 지상에 있는 2억의 말 탄 자들과, 흰 말을 타고 하늘에서 내려오시는 주님과 그의 군대들이 벌이는 전쟁으로 성경은 이를 "아마겟돈 전쟁"(계 16:12-16)이라 일컬으며, 피가 말고삐에까지 차고 "일천육백 스타디온"에까지 이르는 엄청난 전쟁이다(계 14:20).

요한계시록 6장에 나타난 "네 종류"의 말들

❶ 흰말 : 그 위에 탄자는 "활"을 가졌고, 한 "면류관"을 가졌으며 정복하려 나아가되, 그의 뒤에는 "사망과 지옥과 기근"이 따른다. 반면 요한계시록 19장에 등장하는 흰말 위에 타신 분은 하늘에서 내려오시며, 예리한 "칼"을 가졌고 그의 뒤에는 "하나님의 군대들"이 따른다.

❷ 붉은 말 : 그 위에 탄자는 땅에서 평화를 제거하고, 큰 칼을 가졌다.

❸ 검은 말 : 그 위에 탄자는 손에 "저울"을 가졌는데, 대환란에서 전쟁에 이어 "기근"이 일어날 것을 암시하고 있다.

❹ 창백한 말 : 그 위에 탄자의 이름이 "사망"이요, "지옥"이 그 뒤를 따른다. 대환란 때 이스라엘은 "사망과 지옥"과 계약을 맺게 되지만(사 28:18), 대환란 중간 어느 시점에 계약은 파기되고, 사망과 지옥이 풀려난다(계 9장).

NOTES

제5과

성경에서 불결하다고 말씀하는 동물들

『이스라엘 자손에게 일러 말하라. 땅 위에 있는 모든 짐승들 가운데서 너희가 먹을 수 있는 짐승은 이러하니라』(레 11:2).

하나님께서 깨끗하게 하신 것

이스라엘 백성에게 주어진 구약의 율법을 오늘날 교회시대의 성도들에 적용함으로써 금지해야 할 음식으로 규정짓거나, 손을 대지 말라는 엄격한 잣대를 적용하는 것은 어리석은 일이다. 『**혼인을 금하고 음식을 삼가라고 명하리니 이 음식은 하나님께서 진리를 믿고 아는 사람들이 감사함으로 받도록 지으신 것이라. 하나님께서 지으신 것은 모두 좋은 것이요, 감사함으로 받으면 아무것도 버릴 것이 없으니, 이는 하나님의 말씀과 기도로써 거룩하게 됨이라**』(딤전 4:3-5). 이뿐 아니라 이방인들에게 복음의 경륜이 넘어가는 시점에서 베드로에게 세 번이나 반복해서 보이시면서 말씀하신 것 또한 『**하나님께서 깨끗게 하신 것을 네가 속되다고 하지 말라.**』(행 10:15)라는 명령이었다.

이러한 일은 과도기적인 경륜에서만 일어난 것은 아니다. 하나님께서 깨끗하게 하신 것은 결코 불결할 수 없다는 사실을 삼손을 통해서도 보여 주셨다. 삼손은 사자의 사체에서 취한 "꿀"을 그의 부모에게 주면서 그 출처를 말하지 않았는데(판 14:9), 이는 그것이 율법에 금지되어 있기 때문이다(레 5:2, 민 6:6). 반면 삼손이 필리스티아인들을 나귀의 턱뼈로 일천 명을 죽이고 난 뒤 목이 말랐을 때, 하나님께서 턱뼈에 있는 우묵한 곳을 가르셔서 거기서 나온 물로 그를 소생하게 하셨다(판 15:15-19). 그러므로 하나님께서 거룩하게 하신 것은 시대와 상관없이 거룩하다는 것이다. 다만 성도들을 세워 주기 위해 음식을 삼가는 것은 합당하다(고전 8:13).

"그 종류대로"(after his kind) 구별하심

『너는 모든 정결한 짐승을 수컷과 암컷 일곱씩, 정결하지 않은 짐승은 수컷과 암컷 둘을 네게로 취하며... 정결한 짐승들과 정결하지 않은 짐승들과 새들과 땅에 기는 모든 것이』(창 8:20).

하나님께서 재창조를 통해 땅의 초목과 생명을 창조하실 때, ❶ "그 종류대로"(after his kind) 창조하셨다(창 1:11,12,21,24,25). 아담의 타락 이후에 세상은 죄로 가득했으나 대홍수의 심판 앞에서도 하나님께서는 생명을 보존할 필요가 있는 것들에 대해 ❷ "그 종류대로" 씨를 보존하셨다. 그래서 방주에 태운 짐승과 새와 가축과 기어다니는 것들은 모두가 "그 종류대로" 둘씩 방주 앞으로 나왔던 것이다(창 7:14-16). 특히 노아의 방주로 들인 짐승들은 정결한 것과 정결하지 않은 것으로 나누었으나 땅 위를 기는 것과 새들은 그렇게 구분하지 않았다. 이후 하나님께서 주신 율법에도 정결한 것과 불결한 것에 대해 ❸ "그 종류대로"(after his kind) 구분하라고 명하셨다(레 11:14-16,22,29, 신 14:13-15). 그렇지만 성경은 "정결한 짐승"과 "불결한 짐승"에 대해 일일이 그 이름들을 기록하지 않으셨다. 그래서인지 사람들은 노아의 방주에 그 많은 동물들을 어떻게 수용할 수 있느냐며 믿기를 거부한다. 그러나 "생물의 분류 체계"(종,속,과,목,강,문,계)에서 보듯이 노아의 방주에 오른 것은 "과"(family, 노아와 그의 가족)에 해당하는 것들이었다. 이러한 법칙은 "정결한 동물"과 "불결한 동물"을 구분하는 레위기와 신명기에도 그대로 적용되는데, 이곳에도 모든 동물들의 이름을 거명하지 않기 때문이다. 그러므로 명시된 동물들만 불결하고 나머지는 모두 정결한 동물이라고 단정하는 오류를 범할 수 있기 때문에 성경은 "그 종류대로"라는 말씀으로 그 분류의 기준을 함께 제시하고 있는 것이다.

따라서 우리는 이러한 법칙에 근거해서 성경에 명시된 "동물들의 특징과 외형"을 통해 불결한 짐승과 정결한 짐승을 유추할 수 있다.

"정결"과 "불결"에 대한 성경적 정의

그렇다면 왜 율법에서는 정결한 것과 정결하지 않은 것, 곧 불결한 것을 구별하는 것일까? 그 이유를 먼저 카인과 아벨의 제물에서 찾아볼 수 있다. 카인은 저주받은 땅에서 나는 것으로 하나님께 제물을 드렸지만 아벨은 하나님께서 창조하신 생명, 곧 동물을 취해서 제물로 드렸기에 그의 제물은 거룩하신 하나님께 받아들여졌던 것이다. 노아의 경우도 마찬가지인데, 그가 하나님께 번제로 드린 것은 정결한 짐승과 정결한 새였다. 『**노아가 주께 제단을 쌓고 모든 정결한 짐승과 모든 정결한 새 가운데서 취하여 제단에 번제를 드리더라**』(창 8:20). 따라서 "정결하다"(clean), "불결하다"(unclean)의 성경적 의미는 단지 겉보기에 깨끗하거나 더러운 것을 말하는 것이 아니라 하나님 보시기에 그것이 거룩한 것인지 그렇지 않은지를 의미한다. 『**그래야 너희가 거룩한 것과 거룩하지 않은 것, 불결한 것과 깨끗한 것 간의 차이를 구별하며**』(레 10:10, cf. 겔 22:26; 44:23).

한편 하나님의 백성 이스라엘에 대해서는 정결한 것과 불결한 것에 대한 구분을 "먹을 수 있느냐, 먹을 수 없느냐"로 그 기준을 삼고 있다. 『**불결한 것과 깨끗한 것, 먹을 수 있는 짐승과 먹을 수 없는 짐승 사이에 차별을 두는 것이라." 하시니라**』(레 11:47). 말하자면 베드로가 환상 가운데서 본 그릇 안에 있는 "갖가지 네 발 짐승들과 들짐승들과 기어다니는 것들과 공중의 새들"에 대해 『**주여, 그럴 수 없나이다. 나는 결코 속되거나 불결한 것을 먹은 적이 없나이다.**』(행 10:12-14)라고 했던 것은 바로 그러한 이유 때문이었다.

"정결한" 동물 vs. "불결한" 동물

레위기 11장과 신명기 14장에서 이스라엘을 위해 불결한 짐승에 관해 상세히 기록해 놓으셨고(레 11:4-8), 이러한 짐승은 『**너희에게 불결하니라.**』라고 경고하심으로써 하나님의 백성 이스라엘이 거룩하신 하나님께로 나아오는 데 걸림이 되지 않도록 미리 경고하셨다. 『**그러므로 너희는 깨끗한 짐승들과 불결한 짐승들 사이와 불결한 조류와 깨끗한 조류 사이에 구별을 두며, 내가 불결하여 너희에게서 분리시킨 짐승이나 조류나 땅 위를 기어다니는 어떤 종류의 살아 있는 것으로도 너희 혼들을 가증스럽게 만들지 말지니라**』(레 20:25,26).

1. 땅 위의 짐승들(among the beasts)

『짐승들 가운데서 굽이 갈라져서 쪽발이며 되새김질하는 것은 너희가 먹을지니라. 그러나 되새김질하는 것들이나 굽이 갈라진 것들 중에서도 너희가 먹지 못할 것은 이러하니라. 그것은 ❶ 낙타인데 되새김질은 하나 굽이 갈라지지 아니하였으므로 너희에게 불결하고 그리고 ❷ 토끼는 되새김질은 하되 굽이 갈라지지 아니하였으므로 너희에게 불결하고 ❸ 산토끼는 되새김질은 하되 굽이 갈라지지 아니하였으므로 너희에게 불결하며 ❹ 돼지는 굽이 갈라져서 쪽발이지만 되새김질을 못하므로 너희에게 불결하니라. 너희는 그것들의 고기를 먹지 말고, 그 사체도 만지지 말라. 그것들은 너희에게 불결하니라』(레 11:3-8).

레위기 11:3는 『**굽이 갈라져서 쪽발이며 되새김질하는 것**』, 다시 말해 이 두 가지 조건 모두를 만족하는 동물만 식용이 가능한 정결한 동물로 분류하셨다. 그래서 되새김질을 하거나 굽이 갈라진 것 중 한 가지 조건에만 해당하는 동물은 모두 불결한 것으로 간주됨을 볼 수 있다. 그리고 이후 4-8절에 짐승들 가운데서 먹을 수 없는 불결한 동물들에 대해 그 사체까지도 만지지 말라고 명령하시면서, 자상하게도 "낙타와 토끼, 산토끼와 돼지"를 예시로 보여 주신다.

2. 물에 있는 모든 것(all that are in the waters)

『물에 있는 모든 것 중에서 너희가 먹을 수 있는 것은 이러하니라. 물과 바다와 강에 있는 것으로, 지느러미와 비늘이 있는 것은 어떤 것이라도 너희가 그것들을 먹을지니라. 바다에서나 강에서나 물에서 움직이는 모든 것과, 물에서 살고 있는 것 중에서 지느러미와 비늘이 없는 모든 것은 너희에게 가증함이 되리라. 그것들은 곧 너희에게 가증함이니 너희는 그 고기도 먹지 말고 그 사체를 가증함으로 여길지니라. 물 속에 있는 것으로 지느러미와 비늘이 없는 것은 어떤 것이라도 너희에게 가증함이니라』(레 11:9-12).

레위기 11:9-12는 물과 바다와 강에 사는, 곧 "물에 있는 동물들"에 대해 정결한 것과 불결한 것을 분류하고 있다. 또한 그 기준은 "지느러미"와 "비늘"의 유무(有無)이다. 지느러미와 비늘이 없는 것은 불결한 것으로 간주되며, 땅의 짐승들처럼 그 고기도 먹지 말고 사체도 가증하게 여기라고 명하신다.

■ 새롭게 깨달았거나 적용할 내용이 있다면 적어 보세요. ■

3. 조류(among the fowls)

『조류 중에서 너희가 가증함으로 여길 것은 이러하니

라. 그것들은 먹지 말지니, 그것들이 가증함이라. 즉 독수리와 바다수리와 물수리와 수리와 솔개 종류요, 모든 갈가마귀 종류며, 올빼미와 밤매와 뻐꾸기와 매 종류와 작은 부엉이와 가마우지와 큰 부엉이와 백조와 펠리컨과 작은 독수리와 황새와 왜가리 종류와 물떼새와 박쥐니라』(레 11:13-19).

앞선 내용들과 다르게 "조류"에 관해서는 불결하고 가증한 것들에 대해서만 설명하고 계신다. 특이한 점은 가증한 새들에 대한 예시와 함께 "그 종류대로"(after his kind)라는 용어가 여기에도 등장한다. 그러므로 명시된 가증한 새들의 특징과 모습에 따른 불결한 새들의 범주, 곧 그 종류들을 가늠할 수 있는 것이다. 일례로 "백조"(레 11:18, 신 14:16)는 사람들이 호감을 갖고 있는 "새"이며, 결코 불결한 새라 여기지 않는다. 여기에 더해 성경학자들도 썩은 고기를 먹거나 먹이사슬에서 썩은 부유물을 먹는 것들을 불결한 것으로 분류하고 있다. 그래서 그들은 보존된 성경인 〈킹제임스성경〉이 불결한 새들의 목록에 "백조"를 포함시키는 것에 대해 놀라며, 이 단어는 원래 "올빼미"의 일종을 가리키는 것이라 주장하면서 "올빼미"로 성경을 변개시키고 말았다(공동번역은 백조라고 번역). 하지만 성경은 깨끗한 새의 목록을 제시하지 않고 오로지 먹어서는 안 되는 불결한 새에 대한 예시만 제공하고 있을 뿐이다. 그런데 유대인 학회에서는 성경에 명시된 불결한 새를 제외한 모든 새들은 정결한 것이라며 성경이 말씀하시는 "먹을 수 있는 모든 깨끗한 새"(신 14:11,20)에 대한 정의를 왜곡하고 있다.

그러나 하나님께서는 가증한 새들에 대한 예시와 함께 "그 종류대로"(after his kind)라는 용어를 통해 〈킹제임스성경〉이 얼마나 위대한지 다시금 입증하게 하셨는데, "백조"의 사례를 살펴보도록 하자. "펠리컨"은 분명 불결한 새의 명단에 있다. 따라서 펠리컨에게서 나타나는 특징과 모습을 통해 백조가 불결한 새인지를 명확히 구분할 수 있다.

1) <u>**불결한 새는 "지방"이 몸에 얽혀 있다**</u>. 펠리컨은 물속에서도 부력을 유지하기 위해 살 속에 뒤엉긴 체지방의 비율이 높다. 그래서 몸에 얽혀 있는 지방덩어리 때문에 펠리컨은 지방을 먹지 않고는 살을 먹을 수가 없다. 한편 성경은 『**너희가 너희의 모든 처소에서 기름과 피를 먹지 않는 것이 너희 후대를 위해 영속하는 규례가 되리라.**』(레 3:17)라고 명령하기 때문에 펠리컨은 먹어서는 안 되는 불결한 새에 속한다. 이러한 특징을 가진 백조도 마찬가지이다.

2) <u>**불결한 새는 "물갈퀴"가 있다**</u>. 펠리컨은 먹이를 찾기 위해 헤엄치거나 물속으로 들어갈 때 물갈퀴를 노처럼 사용한다. 펠리컨은 이미 성경에 불결한 새로 명시되어 있는데(레 11:18, 신 14:17), 백조 또한 그런 물갈퀴를 가지고 있다. 특히 펠리컨은 물 위를 활공하는 새이다. 그러므로 펠리컨의 특징과 모습을 가진 백조를 불결한 새로 분류한 것은 올바르다.

3) <u>**불결한 새는 "부리 모양"이 편평하다**</u>. 펠리컨은 "편평한 부리"(bill)를 이용해서 먹이를 효과적으로 잡는데, 백조 또한 그러한 부리로 먹잇감을 사냥한다.

성경에 등장하는 "정결한" 새

신비둘기와 집비둘기는 제물로 바쳐진 정결한 새들로서 주님께 희생제물로 드려졌다(레 1:14-17, 12:8, 14:22, 15:14,15). 무엇보다 성경은 예수님 위로 내려오시는 성령님을 비둘기에 비유함으로써 비둘기가 정결한 새임을 또한 예증하고 있다(마 3:16; 막 1:10; 눅 3:22; 요 1:32). 또한 메추라기는 하나님께서 이스라엘이 이집트에서 탈출한 후 음식으로 주어진 것으로 정결한 새에 속한다(시 105:40).

4. 네 발로 기며 나는 것들(fowls that creep)

『네 발로 기어다니는 모든 조류는 너희에게 가증함이니라. 네 발로 기어다니며 날아다니는 것 중에서 그 발 위에 다리가 있어 그것으로 땅 위에서 뛰는 것은 너희가 먹을 수 있으니, 그것들 중에서 너희가 먹을 수 있는 것은 이러하니라. 메뚜기 종류와 흰머리 메뚜기 종류와 딱정벌레 종류와 여치 종류이나 네 발이 있고 날면서 기어다니는 다른 모든 것은 너희에게 가증함이니라』(레 11:20-23).

레위기 11:20는 "네 발로 기는 조류(fowl)"를 가증한 것으로 정의하고 있으며, 이후 21-23절은 "네 발로 기고 날면서 다리가 있어 땅 위에서 뛰는 것"은 정결한 것으로, 반면 "네 발이 있고 날면서 기어 다니는 것"은 불결한 것으로 더 구체적으로 분류하고 있다. 그뿐 아니라 "조류"와 마찬가지로 먹을 수 있는 것에 대한 예시와 "그 종류대로"(after his kind)라는 용어를 통해 "정결한 곤충들"이 어떠한 것인지도 가늠할 수 있도록 돕고 계신다.

예시로 보여 주는 "메뚜기"를 살펴보면 분명 다리가 6개이다. 그런데 성경은 왜 네 발로 기어다닌다는 표현을 사용한 것일까? 자세히 살펴보면 성경은 메뚜기의 다리가 네 개라고 한 적이 없다. 다만 기어다니는 발과 뛰는 다리를 구분하고 있을 뿐이다. 다시 말해 "네 발로 기는 것"과 "뛸 수 있는 다리"를 가진 것을 구분하고 있을 뿐이다. 그러므로 "메뚜기"과(family)에 속한 메뚜기, 여치, 귀뚜라미 등은 네 발로 기고, 두 발로 뛸 수 있는 "도약형" 곤충이다.

반면 "사마귀"과(family)에 속한 사마귀는 네 발로 기어다니지만, 두 발은 먹이를 잡는 데 사용된다. 또한 메뚜기는 번데기 과정이 없이 허물벗기로 성장하는 불완전변태를 하며 주로 초식성인 반면, 사마귀는 앞다리를 이용해 먹이를 사냥하는 육식 곤충이다. 결국 이러한 특징들과 모습들을 통해 사마귀는 네 발로 기는 불결한 동물에 속하는 것임을 알 수 있다.

조류(fowl)인가, 곤충(insect)인가? (레11:20)

성경에서 "새"라는 단어가 처음 등장한 곳은 창세기 1:20로서, 『**창공에 나는 새**[fowl]』를 창조하셨을 때였다. 그런데 창세기 7:14에서는 창세기 1:20에서 말씀하신 새(fowl)와 구분되는 새(bird)를 따로 기록하고 계신다. 『**모든 새**[fowl], **즉 각종 새**[bird]**가 그 종류대로**』(창 7:14). 즉 하나님께서는 "날아다니는 모든 것"(fowl)을 창조하셨고, "새"(bird)도 여기에 포함되는 것이다. 따라서 레위기 11:20에서 말씀하는 "조류"(fowl)라는 표현은 정확한 것으로 "새"(bird)뿐 아니라, "날아다니며 기는 네 발 달린" 모든 곤충들(레 11:21-23)도 이에 포함되는 것이다. 그러나 학자들은 이것을 이해하지 못한 채 "곤충"(insect), 즉 "절지동물"로 성경을 변개시켜 버렸다. 사실 "곤충"(insect)은 1,600년이 지나서야 등장한 용어임에도 그들은 하나님께서 이미 분류해 놓으신 체계를 무시하며 스스로가 만든 분류 체계인 곤충으로 바꿔 버린 것이다.

■ 새롭게 깨달았거나 적용할 내용이 있다면 적어 보세요. ■

◈ 정결한 동물들 vs. 불결한 동물들 ◈

땅 위에 있는 정결한 것 vs. 땅 위에 있는 불결한 것 (레위기 11:3-8)	
 영양, 들소, 순록, 사슴, 염소, 양	낙타, 토끼, 산토끼, 돼지, 멧돼지 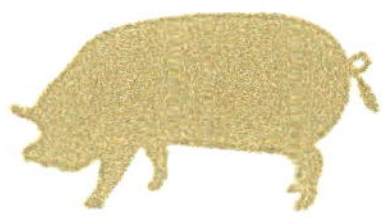

물에 있는 정결한 것 vs. 물에 있는 불결한 것 (레위기 11:9-12)	
 멸치, 청어, 잉어, 대구, 넙치, 고등어, 숭어, 연어, 정어리, 참치	메기, 뱀장어, 게, 가재, 새우, 오징어, 해파리, 문어, 물개, 돌고래 

정결한 새 vs. 가증한 새 (레위기 11:13-19)	
 닭, 공작, 꿩, 비둘기, 메추라기	독수리, 올빼미, 뻐꾸기, 부엉이, 백조, 펠리컨, 박쥐 

네 발 위에 다리가 있어 땅에서 뛰며 나는 것 vs. 네 발이 있고 날면서 기어다니는 것 (레위기 11:20-23)	
 여치, 딱정벌레, 메뚜기 종류들	메뚜기 종류가 아닌 모든 곤충 

NOTES

제6과
대속 제물이 될 수 있는 동물들

『나귀의 모든 첫배 새끼는 네가 어린양으로 대속할 것이요 네가 그것을 대속하지 않으려면 너는 그 목을 꺾을 것이며, 또 너의 자손 가운데서 사람의 모든 첫태생을 대속할지니라』(출 13:13).

동물이 죽으면 어디로 가는가?

이 나라 기독교계의 어리석은 목사들과 신학자들은 "동물이 영과 혼이 없는 존재이기에 죽은 후에 지옥에 가지 않고 하늘나라에 간다."라고 주장한다. 하지만 그들의 주장과는 달리 "동물"은 인간처럼 "몸, 혼, 영"으로 구성된 "삼중적인 존재"이다.

우선 동물의 "몸"은 땅의 흙으로 지어졌는데(창 2:19), 그 결과 동물이 죽으면 그 몸이 땅의 흙으로 돌아가게 된다(전 3:19,20). 또한 동물은 "혼"을 가지고 있는데(시 74:19, 민 31:28), 인간의 혼과 달리 불멸하지 않고 "몸"이 죽으면 "혼"도 소멸된다(계 16:3). 다시 말해 동물은 죽은 이후에 그 "혼"이 하늘나라나 지옥, 그 어디에도 가지 않고 몸과 함께 이곳 지상에서 소멸되는 것이다. "영"도 가지고 있는데, 동물이 죽으면 그 "영"은 "육체"와 더불어 땅으로 돌아간다. 『**사람의 영은 위로 올라가고 짐승의 영은 땅 아래로 내려가는 것을 누가 알리요?**』(전 3:21)

구약 시대에 대속 제물이 될 수 있는 동물들

구약 시대에 죄인들이 죄를 용서받고 구원받기 위해서는 동물의 희생제사에 따른 "짐승의 피"가 필요했다. 『**율법에 따르면 거의 모든 것이 피로써 정결케 되나니, 피흘림이 없이는 죄사함이 없느니라**』(히 9:22). 이를 위해 "대속 제물"이 될 수 있는 동물로는, 하나님께서 율법을 통해 정해 주신 동물이어야만 했는데, **다름 아닌 흠도 없고 점도 없는 "소"(송아지), "양"(어린양), "염소"(염소**

새끼), "비둘기"(집비둘기, 산비둘기)였다.

한편 구약의 율법 시대에는 이스라엘 백성이 "다섯 가지 제사"(번제, 소제, 화목제, 속죄제, 속건제)를 하나님께 드려야 했는데, 그중에서 죄를 용서받기 위한 대속 제물을 드려야 했던 제사는 "속죄제"(레 4장)와 "속건제"(레 5장)였다. "속죄제"는 네 부류의 사람을 위해 드려졌는데, "제사장," "이스라엘 회중 전체," "치리자," "백성 개개인"(레 4:27)을 위해 드려진 것이다. "제사장"이나(레 4:3,4) "이스라엘 회중 전체"가(레 4:13-15) 죄를 지었을 때는 "어린 수송아지"를 대속 제물로 드려야 했고, "치리자"가 범죄했을 때는 "숫염소 새끼"를(레 4:22-24), "백성 개개인"이 죄를 지었을 경우에는 "암염소 새끼"나 "어린양 암컷"을 대속 제물로 드려야 했다(레 4:27-29,32,33).

"속건제"는 "고의로 지은 죄"나 "하나님과 이웃의 소유권에 대해 침해한 경우"에 드리는 제사였는데, 일례로 하나님 앞에서 맹세를 하고서도 지키지 않았을 경우라든지, 부정한 물건을 만졌을 경우, 무지함 속에서 하나님의 거룩한 물건에 죄를 범했을 경우, 이웃을 속인 경우, 남이 잃은 물건을 찾고도 그것에 대해 거짓말한 경우에 속건제를 드려야 했던 것이다. 이를 위한 대속 제물은 드리는 사람의 능력에 따라 세 종류의 제물이 드려졌는데, 기본적으로는 어린 암양이나 염소 새끼를 드렸고(레 5:6), 이러한 제물을 가져올 형편이 안 될 경우에는 산비둘기나 집비둘기를 가져와야 했으며(레 5:7-10), 이것도 가져오기가 어려울 정도로 가난한 형편이라면 고운 가루 십분의 일 에바를 드려야 했다(레 5:11-13).

■ 새롭게 깨달았거나 적용할 내용이 있다면 적어 보세요. ■

동물들의 대속 제물들로서 지니는 의미

"소"는 "힘 센 짐승"이기에 멍에를 씌워 밭을 갈게 하거나(신 22:10) 추수 때에 곡식을 밟아 떨게 하는 일에(신 25:4) 이용된다. 무거운 짐을 소의 등에 실어 나르기도 하는데(시 144:14), 그만큼 "소"는 언제든지 힘든 일도 마다하지 않고 희생적으로 참을성 있게 묵묵히 부지런히 일하는 동물인 것이다. 그런 가운데 "소"는 자기 주인이 누구이고 어떤 존재인지 잘 알 정도로 충성스럽기까지 하다(사 1:3). **따라서 "소"의 대속 제물은 능력 있고 힘 있는 종으로서 아버지 하나님께서 명령하신 일들을 묵묵히 참을성 있게 "십자가의 죽음"에까지 순종하시면서 희생적으로 완성하신 예수 그리스도의 충성스러운 종의 모습을 의미한다**.

"양"(어린양)은 온순하고 온유한 동물로서 성경에서는 하나님께서 벌거벗은 죄인들의 몸을 가죽으로 옷들을 만들어 덮어 주시고 입혀 주셨을 때 제일 처음 등장했다(창 3:21). 아벨이 자기 양떼 가운데서 첫배 새끼들과 그 살진 것을 가져와 제물로 드렸을 때 하나님께서 그 제물을 받으셨다(창 4:4). 이삭이 아버지 아브라함과 함께 번제를 드리기 위해 나무를 지고 산으로 올라가는 길에서 "번제에 쓸 어린양은 어디에 있는지" 물었을 때(창 22:7), 아브라함이 『**내 아들아, 하나님께서 자신을 번제에 쓸 어린양으로 마련하실 것이라.**』(창 22:8)라고 대답했는데, 이로써 "어린양"이신 예수 그리스도께서 예언적으로 제시되었다. 출애굽기 12장에서는 죽임을 당하고 피가 취해지는 "유월절 어린양"을 보게 되고, 그 이후로 줄곧 이스라엘 백성들은 율법에 따라 어린양을 계속해서 하나님께 제물로 바쳐야 했다. **구약에서 피를 흘리며 희생당한 어린양은, 십자가라는 제단 위에서 기꺼이 피를 흘리며 희생당하신 온순하고 온유하신 어린양, 곧 인류의 죄를 제거하시기 위해 십자가의 죽음 앞에서 전혀 저항하지도 않으신 예**

수 그리스도의 모습을 잘 보여 준다.

『그가 억압을 당하고 고난을 당하여도 그의 입을 열지 아니하였으니 그가 어린양처럼 도살장으로 끌려가며, 또 털 깎는 자들 앞의 양이 말없듯이, 그가 자기 입을 열지 아니하는도다.』(사 53:7) 『그 다음 날 요한이 예수께서 자기에게 오시는 것을 보고 말하기를 "보라, 세상 죄를 제거하는 하나님의 어린양이라』(요 1:29). 『큰 음성으로 말하기를 "죽임을 당하신 어린양이 권세와 부귀와 지혜와 힘과 존귀와 영광과 찬송을 받으시기에 합당하시도다."라고 하더라』(계 5:12).

"염소"는 성막을 덮는 장막에 쓸 휘장을 만드는 데 그 "털"이 사용되었고, "속죄염소"라는 표현도 성경에서 "네 번"이나 등장한다(레 16:8,10,26). 한편 "염소"는 성경에서 위풍당당하게 걸어 다니는 짐승 중 하나로 소개되기도 하는데(잠 30:29-31), 이러한 모습들은 인류의 죄를 위한 속죄제물로서 죽음을 전혀 두려워하지 않으시고 당당히 십자가의 제단 위로 오르시는 예수 그리스도의 모습을 상기시켜 준다.

"비둘기"는 성경에서 아름답고(솔 1:15) 순수한(마 10:16) 동물로 자주 묘사되고 정결한 짐승으로 분류된다. 특히 비둘기는 "성령님"을 예표하는데, 일례로 예수 그리스도께서 침례를 받으셨을 때 그분 위에 성령께서 비둘기같이 내려오셨고(마 3:16, 요 1:32), 솔로몬의 노래 5:12에서는 "예수 그리스도의 눈"을 "비둘기의 눈"으로 묘사했다. 한편 "비둘기"는 "예수 그리스도의 신부인 교회"의 예표로도 등장하는데(솔 5:2; 6:9), 이로 인해 교회인 "신부의 눈"도 신랑의 눈처럼 "비둘기의 눈"으로 묘사된다(솔 1:15과 4:1). 따라서 신부인 그리스도인들은 예수 그리스도께서 보시는 것을 보아야 하고, 예수 그리스도께서 보시는 방식으로 볼 수 있어야 한다. 제물로 보면 가난한 자들이 드리는 제물이 주로 "비둘기"였다. 이렇듯 "비둘기"는 아름답고 순수하시며 사랑이 많으시고 사랑스

러우신 예수 그리스도의 성품을 상징하기에 알맞은 제물이었다.

이상 언급한 "대속 제물이 될 수 있었던 네 짐승"은 모두 초림 당시 죄인들을 구속하시기 위해 십자가에서 피를 흘려 죽으심으로써 대속 제물이 되신 "주 예수 그리스도"를 예표한다. 한편 이스라엘 백성은 죄를 지을 때마다 드리는 속죄제 외에도 매년 일곱째 달 십 일인 "속죄일"에 이스라엘 백성 전체의 죄를 씻고 깨끗이 하기 위해 "속죄제"를 드려야 했는데, 이러한 속죄제의 "두 가지 주요 특징"은 "피"를 지성소 안으로 가져와서 자비석 위에 뿌린다는 것과 "고기"를 진영 밖으로 옮긴다는 것이었다. 이것은 예수 그리스도께서 한 번 피를 흘리심으로써 단번에 영원한 구속을 이루셨다는 사실과 이를 위해 진영 밖에 있는 갈보리 언덕에서 죽으셨음을 의미한다(히 9:11,12,25,26).

구약 시대에는 이스라엘 백성들이 희생제물을 태울 때 연기를 통해 나오는 그 향기를 하나님께서 맡으시고 그 향기로운 제물을 받으셨다. 『**그러나 그 수송아지의 고기와 그 가죽과 똥은 진영 밖에서 불사를지니 이것이 속죄제사니라**』(출 29:14). 고기와 가죽과 똥을 진영 밖에서 태웠던 것인데, 이는 그 냄새가 매우 고약했기 때문이다. 『**이는 죄를 위해 대제사장이 성소에 그 피를 가지고 들어가는 그 짐승들의 몸은 진영 밖에서 태우기 때문이라. 그런즉 예수께서도 자신의 피로써 사람들을 거룩하게 하시려고 성문 밖에서 고난을 받으셨느니라**』(히 13:11,12). 이렇게 성문 밖, 곧 진영 밖에서 예수님께서 온 인류를 위한 속죄 제물로 자신의 몸을 드리셨을 때 하나님께서는 그 제물을 받으시면서 향기로운 냄새를 맡으셨다. 그래서 예수 그리스도의 피로 구속받은 그리스도인들도 주님의 수치를 짊어지고 진영 밖에 계신 주 예수 그리스도께로 나아가야 한다(히 13:13).

진영 밖으로 나아가서 고기와 가죽과 똥을 태워야 하는데, "고기와 가죽"은 우리의 "육신"이고 "똥"은 "배설물"이다. 다시 말해 선한 것이 거하지 않는(롬 7:18) 우리의 "육신"을 "죄와 자아와 세상"에 대하여 죽은 것으로 여김으로써 불태워 버려야 하고, 사도 바울이 그랬던 것처럼(빌 3:8) 믿음의 생활에서 불필요한 쓰레기와 배설물들을 태워 버려야 하는 것이다. 그리스도인들은 죽어야만 제대로 된 향기를 낼 수 있는 사람들이다. 죄와 세상과 육신에 대해 왕성하게 살아 있는 성도는 하나님께 악취만 난다. 사실 사람은 모두 쓰레기통과 같다. 겉모양이나 상태가 어떠하든지 간에 모든 쓰레기통은 냄새가 구역질나기는 마찬가지인데, 이는 그 안에 온갖 쓰레기가 들어 있기 때문이다. 그리스도인은 결코 그런 온갖 세상 쓰레기 냄새를 풍겨서는 안 된다. 세상적이고 육신적인 모든 더러운 죄들을 온전히 불태우고 죽임으로써 그리스도를 여과 없이 드러내어 그리스도의 향기를 발산해야 한다. 온갖 죄악과 거짓 교리로 악취가 가득 한 이 배교의 시대에 하나님께서 그리스도의 향기를 맡으실 수 있도록 그 향기를 풍기는 신실한 성도가 되기를 바란다.

■ 새롭게 깨달았거나 적용할 내용이 있다면 적어 보세요. ■

NOTES

NOTES

<추천도서>

잠 언

피터 S. 럭크만 지음 / 784쪽

32,000원(eBook 22,400원)

잠언에는 세상 어떤 사상가의 조언에서도 얻을 수 없는 심원하고, 고귀하고, 정직하며, 살아 있는 진리의 말씀을 얻을 수 있다.

월슨의 잠언

월터 월슨 지음 / 160쪽 /

6,900원(e-Book 4,900원)

저자 월터 월슨은 "영적인 의사"로서 영적 질병에 걸려 있는 사람들을 치유하였다. 저자는 흔하고도 평범한 소재에 영적 교훈을 담았다.

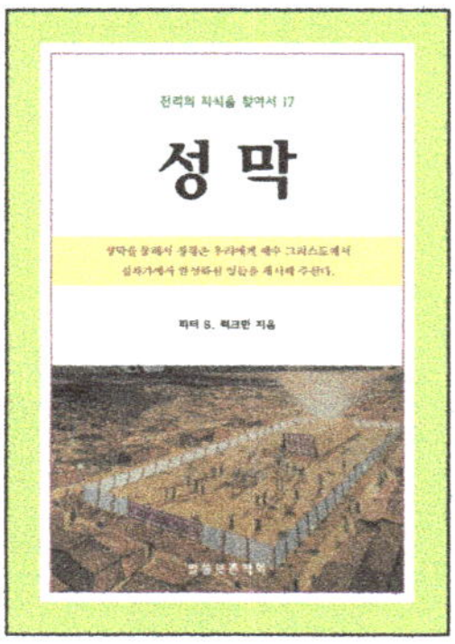

성 막

피터 S. 럭크만 지음 / 88쪽

3,000원(eBook 1,900원)

성막이나 성전은 구약에서 하나님의 임재의 장소였다. 성막과 그 안에 속한 모든 것들은 모형으로 신약 교리를 조명해 준다.

열린 성경 닫힌 마음

이송오 목사 지음 / 216쪽

7,000원(eBook 4,900원)

이 책은 성경에 대해 닫혀 있는 마음을 진리에 눈뜨게 해 주며, 성경을 왜 나누어서 공부해야 하는지 알게 해 준다.

솔로몬 성경공부 시리즈

성경에 나오는 동물과 식물 I

초판1쇄 2022년 8월 12일
초판3쇄 2022년 10월 28일
지 은 이 / 편 집 부
발 행 인 / 박 승 용
발 행 처 / 말씀보존학회
출판등록 / 제409-2022-000036호
주 소 / 서울 강서우체국 사서함 제90호
전 화 / (02) 2665 - 3743
팩 스 / (02) 2665 - 3302
인 터 넷 / www.biblemaster.co.kr

값 10,000 원